ベンチャー企業を
上場成功に導く

資本政策
立案マニュアル

〈第2版〉

石割由紀人 著
Ishiwari Yukito

中央経済社

はじめに

　株式上場成否の鍵は，資本政策の巧拙であるといっても過言ではありません。

　本書は，上場を目指すベンチャー企業と実務家のために資本政策立案のコンセプトと手法について解説しています。

　資本政策とは，上場を目指す企業が，いつ，誰に，いくらで，どのような方法で株式の異動，増資等をしていくかを立案することです。

　この資本政策は，単にエクセルに株主名と株式数の増減推移を記入し，上場の形式基準を充足していれば事足りるものではありません。

　資本政策立案の極意は，法令，上場基準への準拠はもちろんのこと，会社を取り巻く様々な利害関係者とのウエットな利害関係を調整することです。

　各種利害関係者との適切な利害調整を図るためには，経営哲学，経営戦略，財務戦略，IR戦略等を資本政策に落とし込まなければなりません。資本政策立案過程においては，ファイナンス理論，会計，税務，金融商品取引法，会社法の知識を総動員する必要があるのです。

　したがって，資本政策は，ベンチャーキャピタルや監査法人に作成してもらえばそれで済むという類のものではありません。利害関係者の当事者である起業家自らが資本政策を立案しないことには，上場を成功に導くことはできないのです。

　またこの資本政策は一度実行すると，やり直しがきかないことがあります。上場を検討する早い段階で，将来を見据えた資本政策を計画的に立案・実行していく必要があります。

　本書は，ベンチャーキャピタルで投資業務を経験した公認会計士・税理

士が，資本政策立案のノウハウを提供しています。

　なお，本書は2008年（平成20年）7月に上梓して間もなく，リーマンショックの洗礼を受けましたが，お陰様で初刷りすべてを売り切ることができました。その後，すぐに増刷，あるいは改訂版を考えましたが，時期尚早の声に耳を傾け，しばらくは市場の動向を見守ることとしました。

　6年が経過し，まさに時機到来と判断し，第2版を上梓することとしました。第2版の特徴は次のとおりです。

① 資本政策に関連するファイナンス理論，会計・税務・法務，ベンチャーキャピタルとの交渉術に係る広範な内容について解説していること。
② 実際の上場企業の資本政策をひもといて分析を加えていること。
③ 上場した企業の資本政策を分析していること。
④ 実務家の資本政策立案実務に役立つように，多数の書式類を掲載していること。

　最後に，本書の改訂にあたり，執筆協力をいただいた同事務所の熊野一成氏，土田佳嗣氏，川井田大育氏に厚く御礼申し上げるとともに，初版に続きご担当いただいた中央経済社の秋山宗一氏に厚く御礼申し上げます。

2014年5月

石割公認会計士事務所

公認会計士・税理士　石割　由紀人

目　次

第1部　資本政策の基礎

第1章　若くして大成功したいなら，超短期間で株式上場するしかない！……2

第2章　資本政策とは ……4
1. 資本政策立案における2つの視点…4
2. 資本政策の目的…5
3. 資本政策に関わる利害関係者とその利害調整…6
4. 資本政策目的達成のための手段…7

第3章　資金調達と資本政策 ……9
1. 持株比率と調達資金額のトレードオフ…9
2. 資金調達の金額とタイミング…11
   1. いくら調達すべきか？　11
   2. いつ資金調達すべきか？　12
   3. 必要資金の予測　13
   4. 資金繰り分析と売上予測　14
   5. 株式上場準備コストと資金繰りへの影響について　15
3. 株価はいくらにすべきか？…16
   1. 資本政策における，入口の株価と出口の株価の意味　17
   2. 株式上場時の株価　18
   3. 株式上場前の株価と投資利回り，投資倍率　19

		4．投資利回りと「114の法則」　22
		5．ベンチャーキャピタルが投資してもいいと思える株価　23
		6．ベンチャー企業の増資時の株価推移　24
		7．社長の出資とベンチャーキャピタルの出資はタイミングを分けるべき　26
	4　未上場会社の株価の本質…26
		1．純資産方式　27
		2．DCF方式　28
		3．類似会社比準評価方式　35
		4．PER比準方式　39
		5．PBR比準方式　41
		6．株価算定における税法上の株価の位置づけ　42
		7．公認会計士による株価算定　50
		8．株式を低額で譲渡した場合の税務リスク　51

第4章　安定株主対策と資本政策 …………53
	1　誰から資金調達するか？…55
	2　会社設立時の資本政策…56
	3　資本政策とゲーム理論…57
	4　オーナー一族の持株比率…58
	5　取引先等の協力による安定株主対策…59
	6　ベンチャーキャピタルの出資状況…59

第5章　創業者利潤と資本政策 …………61
	1　創業者利潤を確保する資本政策の立案方法…61
	2　上場時の売出し…62
	3　創業者利潤の税金の問題…63

第6章　役員・従業員のインセンティブと資本政策 …… 64
- ① ストックオプションと現物株式の使い分け…64
- ② 退職する役員・従業員からの株式買取価格の考え方…65

第7章　事業承継・相続対策と資本政策 …………………… 66

第2部　資本政策の作成

第1章　資本政策の作成手順 …………………………………… 68
- ① 株式の上場時期と上場市場の選定…68
- ② 資本政策の政策目標設定…69
- ③ 資本政策のゴール設定…71
- ④ 資本政策の目標をエクセルシートに落とし込む…71
- ⑤ 資本政策は状況の変化に応じて作り直すもの…74

第2章　財務指標と株式上場の関係 ………………………… 75
- ① 売上高の規模別状況…75
- ② 経常利益の規模別状況…76
- ③ 当期純利益の規模別状況…76

第3章　資本政策の規制 ……………………………………… 78
- ① 金融商品取引法による届出と増資…78
- ② 通算規定…79

第4章　資本政策作成で留意すべき株式上場基準 ……… 80
- ① マザーズ形式基準…80
- ② ジャスダック形式基準…83

第5章　資本政策作成の具体的手法 ………………………… 85

1. 増資…85
    1. 株主割当増資　85
    2. 株主割当増資のフローチャート　86
    3. 株主割当増資の株主総会議事録（非上場会社）　87
    4. 第三者割当増資　91
    5. 第三者割当増資のフローチャート　92
    6. 第三者割当増資の株主総会議事録　93
    7. 発行可能株式総数増加変更の株主総会議事録　96
    8. 増資の会計　98
    9. 増資の税務　100
    10. 新株引受依頼状　101
2. 株式譲渡…103
    1. 株式譲渡契約書　103
    2. 株式譲渡承認の取締役会議事録　108
    3. 株式譲渡の税務　110
3. デット・エクイティ・スワップ…110
    1. デット・エクイティ・スワップの株主総会議事録　110
    2. デット・エクイティ・スワップの会計処理　114
4. ストックオプション…115
    1. ストックオプションの意義　115
    2. ストックオプションの仕組み　116
    3. 新株予約権の会社法上の手続　118
    4. 新株予約権の株主総会議事録の記載例　124
    5. 新株予約権申込書の記載例　127
    6. 新株予約権の契約書作成について　128
    7. 新株予約権割当契約書の記載例　129
    8. ストックオプションの活用法　134
    9. 経営者のための有償時価発行ストックオプション活用法　135
    10. 役員・従業員への適正なストックオプション付与量は？　139
    11. ストックオプションの権利行使価額　141

12．新株予約権の会計　142
13．新株予約権の登記手続　144
14．新株予約権の税務：税制適格ストックオプション　148
15．ストックオプションと就業規則　149

5　種類株式，複数議決権株式，みなし清算条項，株主間契約…152
1．種類株式の内容　152
2．議決権制限種類株式の株主総会議事録　154
3．譲渡制限種類株式の株主総会議事録　156
4．取得請求権付種類株式の株主総会議事録　157
5．取得条項付種類株式の株主総会議事録　159
6．総会決議による会社株式を全部取得できる種類株式の株主総会議事録　161
7．黄金株式の株主総会議事録　163
8．役員選任権のある種類株式の株主総会議事録　165
9．複数議決権株式　166
10．優先株式とみなし清算条項とEXIT　167
11．株主間契約　168

6　自己株式（金庫株）…169
1．株主との合意による取得　169
2．株主との合意による取得の株主総会議事録　170
3．株主との合意による取得の取締役会議事録　172
4．特定の株主からの取得　173
5．特定の株主からの取得の株主総会議事録　174
6．特定の株主からの取得の取締役会議事録　175
7．自己株式の会計および税務　177

7　株式分割…183
1．株式分割のフローチャート　183
2．株式分割の取締役会議事録　184

8　株式交換…185
1．株式交換契約書　186
2．株式交換の臨時株主総会議事録　188

- ⑨ 財産保全会社…190
- ⑩ 従業員持株会…190
  - 1．従業員持株会設立のスケジュール　191
  - 2．従業員持株会設立の書式　192
  - 3．従業員持株会の規約の作り方　195
- ⑪ ロックアップ，オーバーアロットメント…200

第6章　資本政策の成功例と失敗例　201

- ① 資本政策の成功例…201
  - 1．一休の資本政策　201
  - 2．mixi の資本政策　204
  - 3．ビューティガレージの資本政策　207
  - 4．オルトプラスの資本政策　211
  - 5．オークファンの資本政策　216
  - 6．ユーグレナの資本政策　220
  - 7．フォトクリエイトの資本政策　224
- ② 資本政策の失敗パターン…228
  - 1．資金調達額と持株比率のバランスの失敗　228
  - 2．増資株価の失敗　228
  - 3．事業計画の精度の甘さ　229
  - 4．安定株主対策の失敗　229
  - 5．税法を無視した株式異動の失敗　229
  - 6．事業承継対策の失敗　230

第3部　ベンチャーキャピタルからの資金調達

第1章　ベンチャーキャピタルの本質 ……………… 232
 1　ベンチャーキャピタルの儲け方…232
 2　ベンチャーキャピタルの儲けはどのように計算されるのか?…233
 3　ベンチャーキャピタルに高い株価で株を持たせればいい
  のか?…233
 4　上場できなくても黒字の会社に投資してくれるのか?…234
 5　著名な経営者に株主になってもらうべきか?…234

第2章　ベンチャーキャピタルの投資手法 ……………… 235
 1　ポートフォリオ投資…235
 2　マイルストーン投資…235
 3　ハンズオン投資…237

第3章　ベンチャーキャピタルからの資金調達プロセス …239

第4章　ベンチャーキャピタルの種類 ……………… 241

第5章　投資を受けるために用意する資料 ……………… 243

第6章　ベンチャーキャピタル提出用
   事業計画の作り方 ……………… 246
 1　エレベーターピッチ…246
 2　エグゼクティブ・サマリー…246
 3　事業計画書の表紙…248
 4　会社概要,事業開始の経緯…248

- ⑤ 経営理念・基本方針…249
- ⑥ 会社の沿革…250
- ⑦ 業績推移…251
- ⑧ 経営陣の略歴・組織図…251
- ⑨ 株主一覧…252
- ⑩ 取引金融機関一覧…253
- ⑪ ベンチャーキャピタルが投資したくなる事業…254
  - 1．市場規模…254
  - 2．10倍ルール…255
  - 3．2分の1ルール…255
  - 4．急成長市場の関連分野をターゲットとする企業…256
  - 5．参入障壁はあるか…256
- ⑫ ビジネスモデル図…257
- ⑬ 事業の市場分析…258
- ⑭ 競合他社分析…261
- ⑮ 事業のマーケティング戦略について…266
- ⑯ 事業の生産・仕入・開発体制について…269
- ⑰ 事業化スケジュール…269
- ⑱ 主要販売先…270
- ⑲ 主要仕入先・外注先…271
- ⑳ 知的財産権について…272
- ㉑ 経営上の重要な契約について…272
- ㉒ 設備の状況について…273
- ㉓ 会計処理基準について…274
- ㉔ 関係会社について…275
- ㉕ 社外機関について…276

第7章　事業計画（数値モデル）の作成　……………278
- ① 予想損益計算書の作成…279
  - 1．売上の予測の2つのアプローチ　279

2．売上予測方法　280
　　　3．人件費予測　283
　②　予想貸借対照表作成…284
　③　予想キャッシュ・フロー計算書作成…286
　④　事業計画の精度による追加増資可能性に与える影響…286

第8章　投資契約書のチェックポイント …………………287
　①　表明保証条項…287
　②　通知条項・承諾条項…288
　③　株式買取条項…290
　④　株式買取価額の条項…292
　⑤　役員の選任条項…293
　⑥　希薄化防止条項…294
　⑦　優先残余財産分配権の条項…295
　⑧　誓約条項…296
　⑨　情報開示の条項…297
　⑩　財務制限条項…298
　⑪　最恵待遇条項…299
　⑫　条項の分離可能性…300
　⑬　合意管轄…300

第1部

資本政策の基礎

> 「資本政策」とは，株式公開を実現するための資金調達・株主利益実現，株主構成適正化に関する計画および立案をする行為についての方針，方策です。
>
> 分かりやすい説明ですと，資本政策とは，株式公開を目指す会社がいつ誰にいくらの株式等をどのように持たせるかの計画です。

第1章

若くして大成功したいなら，超短期間で株式上場するしかない！

　起業家であれば，いつかは自分の会社を株式上場させたいという野心を抱くのではないでしょうか。株式上場には様々なメリットがあります。

　○株式市場から潤沢な資金を調達することができる。
　○会社の知名度，取引先の信用も上がり，事業のさらなる成長を可能にする。
　○従業員にやる気とプライドを持たせることができる。
　○優秀な従業員を採用できる。
　○起業家の持つ自己株式の価値が飛躍的に上がり，莫大な財産を起業家にもたらす。

　「お金を儲けたいから」「有名になりたいから」「社会に貢献したいから」など，起業家が株式上場したい理由はいろいろあるでしょう。

　一方，起業家であれば，そういった明確な理由はなくとも，起業家の本能として，株式上場したいという思いがあるのではないでしょうか。

　イギリスの有名な登山家ジョージ・マロニーの「なぜ山に登るのか？」との問いに対する「そこに山があるから」という有名な言葉に似た思いではないでしょうか。

　株式上場は起業家にとっての究極の自己実現手段であるといえるでしょう。熱い思いから，株式上場を目指そうと思ったとしても，若い起業家が十分な自己資金を元に事業を開始できることは稀でしょう。

将来の株式上場を目指すベンチャー企業の成長のためには，創業融資だけでは不十分です。

　借入に依存せず，自己資金を元にゆっくり確実に事業を伸ばしていくことも可能でしょうが，それでは，いつになっても成長へのアクセルを踏むことができません。

　魅力的な事業プランを持った起業家が「金脈は見えているけれども，金鉱を掘るだけの資金力がない」という場合でも，指をくわえて待つほかないのでしょうか。

　起業家がベンチャーキャピタル等外部投資家からの資金調達を成功させるためには，資本政策に関する知識が必要となるのです。

第2章

資本政策とは

1 資本政策立案における2つの視点

　資本政策を立案するには，2つの視点が必要となります。
　"資本政策目的追求の視点"と資本政策目的追求に伴い影響の生じる"利害関係者の利害調整の視点"の2つです。
　各利害関係者の利害調整を図ることによって，資本政策の目的追求の実効性が確保されるのです。そのためには利害関係者それぞれの利害を十分に把握する必要があります。
　以上のように，追求すべき資本政策目的と調整すべき利害を明確にした上で，資本政策をエクセル等の数値モデルに落とし込んでいくことになります。

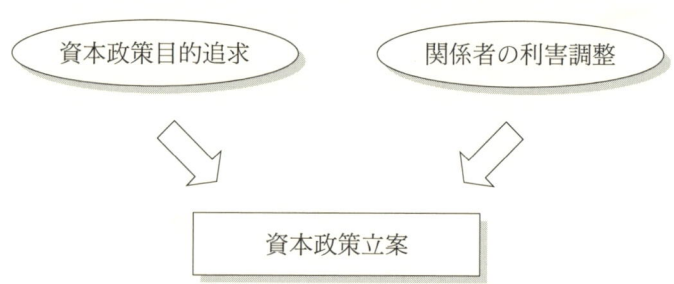

2 資本政策の目的

　資本政策立案に2つの視点が必要だとして，それでは具体的な目的は何でしょうか？

　会社の資金調達，創業者のシェアの維持（安定株主対策），創業者のキャピタルゲイン確保，従業員・役員へのインセンティブ付与，株式上場基準の充足，上場後の株価対策，事業承継・相続対策等があります。

　資本政策の目的は，多様であり，利害関係者の利害にも異なった影響を与えます。したがって，全ての目的を最大化するということは，基本的には不可能です。

　資本政策の目的追求過程で必要なスタンスは，資本政策の目的について優先順位を付け，最大公約数的に利害を調整していくことです。

資本政策目的

会社の資金調達
創業者のシェアの維持（安定株主対策）
創業者のキャピタルゲイン確保
従業員・役員へのインセンティブ付与
株式上場基準の充足
上場後の株価対策
事業承継対策，相続対策

　この中で最も重要性が高い目的が「資金調達」と「シェア持株比率維持」です。各目的は次章以降で見ていきます。

3 資本政策に関わる利害関係者とその利害調整

利害関係者の利害調整を図るためには，どのような利害関係者がいて，どういった利害を有しているのかを知る必要があります。

資本政策に関わる利害関係者には，社内の利害関係者と社外の利害関係者がいます。

社内の利害関係者は，創業経営者，役員，従業員等です。

社外の利害関係者は，取引先，既存株主，新規の株主，投資家等です。

(1) 創業経営者の利害

創業経営者の欲求は，事業意欲達成という自己実現，名誉の欲求，キャピタルゲインを得て経済的に成功したいという欲求等を持っているでしょう。巨額のキャピタルゲインを得るためには，株式上場までなるべく自らの持株比率を下げたくないはずです。また上場前に増資や株式譲渡を行う場合には，なるべく高い株価で増資や株式譲渡を行いたいと考えるのが通常です。

(2) 役員の利害

役員は，若くして経営の中枢に参画したいという欲求，株式上場前に割安で自社株を引き受けたり，ストックオプション付与を通じてキャピタルゲインによる経済的成功を得たいという欲求等を持っているでしょう。

(3) 従業員の利害

従業員は，キャピタルゲインを得て若くして一定の財産を得たいという欲求（マンションを買いたい，車を買いたい等）を持っているでしょう。そのためには，株価が低い段階で会社の株式やストックオプションを保有

したいという欲求があるかもしれません。また成長著しいベンチャー企業で，若くして重要な仕事を任せられることにやりがいを感じる従業員もいるでしょう。

(4) 取引先の利害

取引先は，事業上の取引関係がある会社と資本提携することにより，取引関係を強化したいと思っているかもしれません。投資した資金からキャピタルゲインを得たいという欲求があるでしょう。資本提携が主たる目的であれば，増資引受時の株価にこだわりはあまりないかもしれませんが，キャピタルゲイン狙いであれば，なるべく低い株価で株式を引き受けたいと考えているはずです。

(5) 投資家の利害

一般の投資家は，上場株式からのキャピタルゲインを得たいという欲求を持っているでしょう。上場株式でキャピタルゲインを獲得するためには，なるべく低い公募価格でのIPOを期待しているはずです。

4 資本政策目的達成のための手段

資本政策の立案の際には，新株発行や株式の異動について，Who（誰に），What（何を），When（いつ），How（いくら）を考える必要があります。

Who（誰に）	株式を役員・従業員・取引先・ベンチャーキャピタルに持たせるのか？
What（何を）	株式を持たせるのか？　それともストックオプションを持たせるのか？

When（いつ）	新株発行，株式の異動，株式分割等のタイミングはいつ行うべきか？
How（いくら）	新株発行額や株価はいくらか？

　この資本政策は，経営戦略，財務戦略，人事戦略の全てを踏まえて立案する必要があります。

　社長が株式上場を成功させるためには，上手な資本政策を立案実行する必要があります。資本政策を立案することは，株式上場までの道筋を作ることにほかならないのです。

第3章

資金調達と資本政策

　銀行からの借入れに充分依存できないベンチャー企業にとって，増資による資金調達は事業成長の生命線です。しかしながら，一方で資金調達のために第三者割当増資を行うと，会社への資金流入と引換えに，創業経営者の持株比率（＝経営権）は低下することになります。

　増資による資金調達額と経営権は常にトレードオフ関係にあることに留意しなければなりません。

　したがって，株式上場まで計画的に資金調達を行っていく必要があるのです。具体的には，資金需要のタイミングを勘案し，"株式上場時点で維持したい持株比率"と"現状の株主構成"とのギャップを埋めるように資本政策を立案していくことになります。

1 持株比率と調達資金額のトレードオフ

　持株比率を下げずに資金を調達することは基本的には，不可能です。
　外部から資金を調達するということは，出資者に経営権の一部を譲り渡したことを意味するのです。

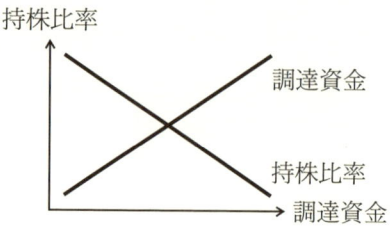

　例えば，上場準備会社A社の社長が1株5万円で，発行済株式全株である200株を保有している場合の株主構成は下記となります。

株　　主	株数	持株比率
社長	200	100%
	200	100%

　ここで，上場準備会社A社が資金調達のために，ベンチャーキャピタルに対して1株5万円で400株の第三者割当増資を行うとします。その場合の株主構成は下記のように変化します。

株　　主	株数	持株比率
社長	200	33%
ベンチャーキャピタル	400	67%
	600	100%

　すなわち，会社に2,000万円（1株5万円で400株発行）の資金が流入してきましたが，一方，社長の持株比率は100%から33%に大幅に低下してしまったのです。
　それでは，もしベンチャーキャピタルに対して1株20万円で100株の第三者割当増資を行った場合の株主構成はどうなるのでしょうか？　下記を

ご覧ください。

株　主	株数	持株比率
社長	200	67%
ベンチャーキャピタル	100	33%
	300	100%

　先ほどの"1株5万円で400株"に比べて"1株20万円で100株"を発行したケースの方が，調達資金額は同じでも，持株比率が高く維持されています。

　以上から，株価が高ければ高いほど，新株発行数すなわち第三者への支配権移転は少なくて済むことが分かります。

$$創業経営者の持株比率 = \frac{創業経営者の持株数}{既存株式数 + 新株発行数}$$

2 資金調達の金額とタイミング

1．いくら調達すべきか？

　いくら調達すべきか？　という問題は基本的には，調達額と経営陣の持株比率のトレードオフの落とし所をどこに見つけるかです。多額の資金を外部から調達すれば，それに見合って，経営陣の持株比率は下がるということです。

　経営者としては，目先の資金繰りの不安をなくしたり，予期せぬ失敗に対する緩衝材とするためには，可能な限り資金を多めに調達しておきたいと思うことでしょう。しかし，確実に自らの持株比率を下げてしまうこと

を念頭に置く必要があるのです。

資金調達額と社長の持株比率の関係

	資金調達額少ない	資金調達額多い
社長の持株比率	小さく低下	大きく低下

2. いつ資金調達すべきか？

　上場前のベンチャー企業は，どのタイミングで資金調達を行うべきでしょうか？　「会社の資金がなくなりそうになった時」というのでは，あまりにも計画性がありません。

　資金調達のタイミングは，資本政策に多大な影響を与えますので，計画的・戦略的に実行する必要があるのです。

　まず初めに，増資をする前に，自社が，そもそも本当に外部から株式による資金調達をする必要があるのかどうか？　を突きつめて考えてみる必要があるでしょう。

　この点の検討が不十分なまま，安易にベンチャーキャピタルから資金を調達しようとする会社が散見されます。

　確かに，起業家の立場からは，将来の成否が不確実な事業を，他人のリスクで行いたいと考えるのも無理はありません。その場合，借入金ではなく株式による資金調達が望ましいといえましょう。

　一方，ベンチャーキャピタルの立場からは，事業の成否が不確実であることに伴う投資リスクを可能な限り低減させたいのです。

　ベンチャーキャピタルは，"日常の運転資金を補填したい"のではなく，"成長を加速するための資金を提供している"ということを心得ておく必要があります。

　もしかしたら，ベンチャーキャピタルの力を借りず，歩みは遅くても着

実な成長を心がけていれば順調に事業が伸びたはずが，増資資金で事業を急加速した結果，かえって事業がおかしくなってしまうこともありえるのです（早すぎる株式上場準備に伴う人件費急増大，オフィス移転等による家賃増大等により固定費が大幅に増加するケースがあります）。

3．必要資金の予測

　資本政策立案上，将来の必要な資金を予測することは，精度の高い事業計画（予想損益計算書，予想貸借対照表，予想キャッシュ・フロー計算書）を作成することから始まります。
　① 予想キャッシュ・フロー計算書を作成する
　必要資金の見積り方法ですが，予想キャッシュ・フロー計算書を基に試算します。予想キャッシュ・フロー計算書は，予想損益計算書や予想貸借対照表とエクセルで連動する形で作成すべきです。
　予想キャッシュ・フロー計算書を作成するには，無料でダウンロードできるエクセル・テンプレート（www.cpa‒ishiwari.jp/businessplan/index.htm）をご活用ください。
　② 予想損益計算書,予想貸借対照表,予想キャッシュ・フロー計算書の入力方法
　過去の経理データと今後の投資，資金調達と返済，損益等のデータを入力することで予想損益計算書，予想貸借対照表，予想キャッシュ・フロー計算書が作成されます。予想キャッシュ・フロー計算書による資金予測を行うことで，必要資金が運転資金なのか，それとも設備投資資金なのかを区別して捉えることが容易になります。
　予想キャッシュ・フロー計算書の営業キャッシュ・フローから設備投資のキャッシュ・フローを差し引いた金額がマイナスであるならば資金不足額となり，資金調達すべき金額となります。
　なお，上記のように精緻ではなく，もっと簡便的でざっくりとした必要資金額を見積るためには，以下の算式で考えてみましょう。

> 必要資金額＝手許キャッシュ＋"営業活動の
> キャッシュ・フロー"－"設備投資の
> キャッシュ・フロー"

となります。

また上記の算式は，以下のように書き換えることもできます。

> 必要資金額＝手許キャッシュ＋営業利益＋減価償却費－設備投資額

4. 資金繰り分析と売上予測

　資金繰りの分析においては，売上予測が最も重要です。売上予測次第で資金繰りは大幅に変わってきます。しかしながら，正確に売上を予測することは，大変難しい作業でもあります。

　既存事業の売上高は，過去の売上推移の延長線上として，未来の数字を予測することができるかもしれません。

　しかしながら，ベンチャー企業における新規事業の売上予測は，実績に依拠できないため，大変困難です。言い換えれば，売上予測の"仮説検証"がなされていないからです。描いた絵はもしかしたら餅になってしまう可能性すらあり得るのです。

　新規事業については，会社を取り巻く外部経営環境（マクロ経済の影響や業界内の競合企業の影響）の状況も十分に把握できていませんし，また会社内部の経営資源（必要な人員は揃えられるのか？ 製品・商品・サービスを用意できるのか？ 事業資金は足りるのか？）が十分かどうかも現実には検証されていない状況なのです。新規事業の売上予測は，あくまで仮説検証前の予測に過ぎないのです。

　であるならば，まったくの根拠のない数字を羅列したり，希望的観測の数字でいいのでしょうか？ 仮説検証のPDCAサイクルを回すためにも，

事業成功要因（KFS；key factor for success）の仮説を設定し，業績評価指標（KPI；key performance indicator）と連動するように売上予測を行うべきです。

5. 株式上場準備コストと資金繰りへの影響について

　資金繰りの計画に，株式上場準備に関わる支出を織り込んでいないケースが散見されます。

　株式上場準備に関わる間接部門の人件費は思いのほか高い（年間で数千万円程度）という現実を認識しておく必要があります。

　営業赤字の段階で，株式上場準備の間接部門強化のために資金調達を受けているケースではその後，資金繰りが大幅に悪化してしまうケースも多いようです。

　ベンチャーキャピタルからの調達資金が事業成長のためではなく，上場準備費用に消えてしまうのでは本末転倒になってしまいます。

　上場準備コストの資金繰りに与える影響を冷静に分析し最適なタイミングで株式上場準備をしていくことが重要となります。

株式上場関連人件費	社内規程整備，内部統制整備といった株式上場準備やその後のIR等の実務を行うために，株式上場実務担当者，経理系（CFO等），総務系の人件費が増加します。また，人材紹介会社への支払いは年収の3分の1程度は見込んでおく必要があります。
監査法人の監査費用	株式上場をするためには，上場申請日の直近2年間の財務諸表について監査法人の監査を受けることが必要となります。監査費用は，年間1千万円以上は覚悟する必要があります（会社の規模や子会社の有無等によって金額は異なってきます）。監査強化や内部統制整備対応のため，監査報酬は近年上昇基調にあります。
証券会社の引受指導料	主幹事証券会社の引受部門から，株式上場申請までのコンサルティングを受ける際に費用がかかります。各証券会社や関与程度によって金額は異なりますが，月額30～40万円程度が多いようです。

3 株価はいくらにすべきか？

　資本政策において株価を考える前に，ここでいう株価とはどのタイミングの株価をいうのでしょうか？

　すなわち，資本政策の株価は，タイミングと当事者が誰かによって変わってくるのです。

　資本政策における株価は，大きく2つに分けられます。"株式上場時の株価"と"株式上場前の増資時の株価"です。

　上場時の株価は，主幹事証券会社が機関投資家に仮条件を提示し，ブックビルディングによって公募価格が決まります。

　一方，"株式上場前の株価"は，実務上は，会社と株式引受人の相対の交渉によって決まっていることが大半なのです。

もちろん，未上場会社の株価算定に関する財務理論はありますが，実務上は，まず当事者の相対交渉によって株価が決まり，後付けで公認会計士が株価算定書で理論的な説明をしているケース（後述する④　未上場会社の株価の本質を参照）が多いといえます。

株価に関する相対交渉とは，対立する利害を持つ"会社"と"株の買い手"との個別交渉を指します。すなわち，会社としては「より高く株を売りたい」，株式を買う側としては「より安く株を買いたい」という異なった株価のイメージを持っているのです。双方の交渉の結果，折り合いがつくようであれば，株価はその交渉の妥協点に落ち着くことになるのです。

1. 資本政策における，入口の株価と出口の株価の意味

資本政策で株価を考える際には，前述したように"株式上場時点の株価"と"株式上場前の株価"という大きく2つの株価が存在することを知らなければなりません。

言うまでもありませんが，ベンチャーキャピタルに株式を引き受けてもらう際の株価は，"株式上場前の株価"となります。

ベンチャーキャピタルは，「今現在，出資するのであれば，この会社に対して，どの株価であれば出資できるか」を常に考えています。

株式上場前の株価は，ベンチャーキャピタルにとっての言わば"株の仕入値"です。

将来の上場時の公募価格を投資の出口（Exit，エグジット）の株価とすると，出資時の株価は入口の株価といえます。

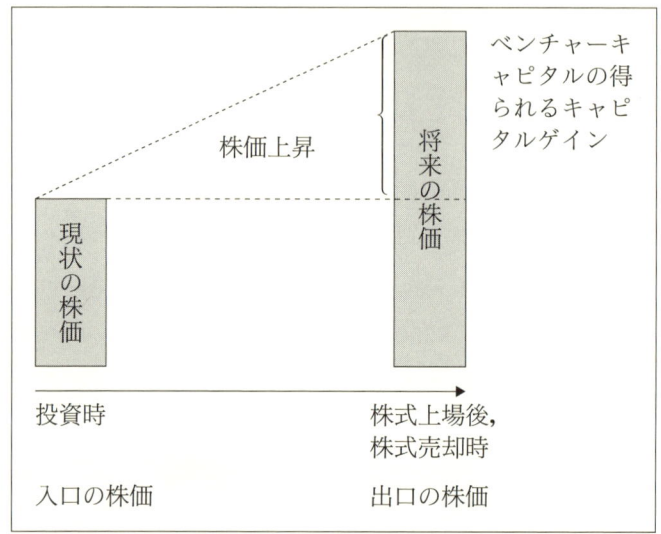

2. 株式上場時の株価

　資本政策における株式上場時の株価は、経営者が立案する資本政策における最後の株価です。ベンチャーキャピタルにとっては、投資の出口 (Exit，エグジット) の株価＝株の売値という意味を持ちます。

　ベンチャーキャピタルが投資検討時に試算する"株式上場時の株価"は、以下の算式で簡便的に試算されます。

> ベンチャーキャピタルの投資出口の株価試算の計算式(※)
> 投資先上場時点1株当たり予想当期純利益 × 類似上場会社PER ＝ 投資先上場時株価

　(※) 類似会社比準法やDCF法等を用いるケースもあります。

　ここで注意しなければならないのは、この株価で会社に投資をしてくれるわけではないということです。"上場時の株価"とは、ベンチャーキャ

ピタルにとっては，株の"仕入値"ではなく"売値"なのです。

この株式上場時点の株価は，最終的には主幹事証券会社主導で公募価格という形で決定されます。

3. 株式上場前の株価と投資利回り，投資倍率

株式上場前の増資時の株価は，繰り返しになりますがベンチャーキャピタルの"投資の入口の株価"となります。すなわち，ベンチャーキャピタルにとって"株の仕入値"という意味を持ちます。

"株式上場前の株価"は実務上，会社と株式引受人の相対の交渉によって決まっていると前述しましたが，交渉の前提として，ベンチャーキャピタルは独自の株価算定方法を用いています。

ベンチャーキャピタルによる株価算定方法は一般的にベンチャーキャピタル方式と呼ばれる評価法です。

このベンチャーキャピタル方式の評価法は，ベンチャーキャピタルの期待投資利回り（IRR）と投資回収期間を基準に，投資時の株価（仕入値）を算定する手法です（管理会計の投資意思決定モデルにおける内部利益率法そのものです）。

ベンチャーキャピタルは，投資検討企業が上場した時点でいくらの株価がつくのか予想して，必要な利回り（IRR）が確保できる（現時点で増資を引き受けることのできる）株価を提示します。

IRR（Internal Rate of Return）とは内部利益率と呼ばれ，投資額の現在価値と，投資期間中に得られると予想されるキャッシュ・フローの現在価値の合計額が等しくなるような投資収益率（リターン）のことです。分かりやすくいうと投資する際の必要最低利益率です。

なお，このIRRはエクセルのXIRR関数（＝XIRR（範囲，日付）という定期的でないキャッシュ・フローに対する内部利益率を表します）を使って計算することが可能です。

例えば，2014年1月1日に1億円を投資して，株式上場後の2016年12月31日に株式を売却して3億円のキャッシュインがあるとするならば，IRRは44.2％になります。

言い換えますと，投資先が3年後に株式上場する場合，株式上場時に出資株式時価が3億円で，IRR44.2％が期待できるとするならば，1億円までは投資可能ということになります。

この投資案件をエクセルで表現すると以下のようになります。

(単位；億円)

	A	B	C
1	2014/1/1	2016/12/31	XIRR
2	－1	3	44.2％
3	投資による キャッシュ・フロー	売却による キャッシュ・フロー	

XIRR＝XIRR(A2:B2,A1:B1)
(※ XIRR関数の計算で推定値を指定する必要はありません)

この投資リスクと要求リターンの関係は以下のマトリックスの関係となります。

	投資リスクの高低	
	リスク高い	リスク低い
要求利回り (IRR)の高低	要求利回り高い →株価低い	要求利回り低い →株価高い

リスクの高低は，シード，スタートアップ，アーリー，レイターといった会社の成長段階や，ビジネスモデル自体の不確実性等の様々な要素によって決まってきます。

それでは，ベンチャーキャピタルの要求する期待利回り（IRR）はどのような水準なのでしょうか？　各ベンチャーキャピタルによって期待利回り（IRR）水準は異なりますが，大まかなイメージとしては以下のような水準かと思います。

会社の成長段階(注)	要求利回り(%)
シードステージ／スタートアップステージ	50%〜100%
アーリーステージ	30%〜60%
グロースステージ	20%〜30%

(注)　会社の成長段階による区分
(1)　シードステージ（Seed Stage）
技術・アイデア・製品化のコンセプトはあっても，事業開始前で机上プランの段階。
(2)　スタートアップステージ（Startup Stage）
会社は設立されて，研究開発・製品開発は開始されているけれども，未だ販売活動は開始されていない段階。
(3)　アーリーステージ（Early Stage）
製品開発は終了し，マーケティング，製造および販売活動を開始しつつあり，ようやく売上が立ち始める初期段階。
(4)　グロースステージ（Growth Stage）
売上が損益分岐点を超え利益を計上している段階。

以上のように，ベンチャーキャピタルは，一定の要求利回り（IRR）を確保できるような株価で投資（株の仕入れ）をしているのです。

この要求利回り（IRR）はエクセル等を使わないと計算できませんので煩雑に感じる方にお奨めな指標が投資倍率（投資額と将来の投資回収額の倍率）です。

各ベンチャーキャピタルごとによって異なるとは思いますが，"投資額を少なくとも3倍で回収"や"投資後3年以内に5倍で回収"といった投資倍率の感覚を持つベンチャーキャピタルが多いように思われます。これはすなわち上場時点の株価の"3分の1"から"5分の1"で投資したい

という考えの裏返しでもあることを理解する必要があります。

```
┌─────────────────────────────────────────┐
│    上場時の株価から逆算して投資時の株価を算出    │
│                                         │
│   ┌─────────┐      ┌─────────┐          │
│   │ 投資時点 │      │ 上場時点 │          │
│   │ の株価   │      │ の株価   │          │
│   └─────────┘      └─────────┘          │
│        ⤶                                │
└─────────────────────────────────────────┘
```

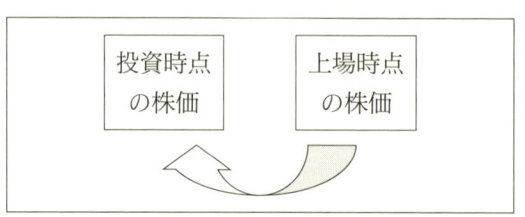

> **Column**
>
> **内部収益率（IRR）**
>
> 　ベンチャーキャピタル・ファンドは一般に，各時点での正確な時価評価額を決めることができないこと，一旦出資すると投資期間中に自由に清算できないことから，運用パフォーマンスは，投資家にとってのキャッシュ・フローから計算される内部収益率（IRR）によって測る。このIRRとは，その投資で発生する出資・分配などの全てのキャッシュ・フローを現在価値に割り引いた際に，それらの総和がゼロとなるよう算出された割引率（％）のことであり，いわゆるファンドの年間利回りに近い概念である。
>
> （出典　VEC財団法人ベンチャーエンタープライズセンター）

4．投資利回りと「114の法則」

　ベンチャーキャピタルによっては，投資額を少なくとも3倍で回収したいと考えています。投資額が3倍になるまでの年数を簡単に計算する方法があります。

> 　　　114÷利回り（年利）＝元手が3倍になるまでの大体の年数

5. ベンチャーキャピタルが投資してもいいと思える株価

　会社がベンチャーキャピタルから投資を受けるためには，ベンチャーキャピタルにとっても魅力的な株価を提示する必要があります。

　業績を右肩上がりにし，業績に連動する株価を右肩上がりにすることがポイントです。マイルストーン達成や業績の裏づけのない無理な株価吊り上げは後々の資本政策の自由度を大きく損なうことになります。特に追加増資が困難になるという致命的なリスクを内在化させるのです。

> 事業計画達成⇒投資家が了解済みの資本政策通り追加増資を受けられる。
> 事業計画未達成⇒現在の株価にどれだけの期待が織り込まれているかによって，追加増資を受けられないこともあり得る。

　いずれにしても，事業計画が下ブレした状況でも，まだ株価に割安感があるようであれば，追加増資に応えてくれるベンチャーキャピタルもあるかもしれません。

　起業家の心情としては可能な限り，高い株価で株を発行したいと思うでしょう。しかしながら，その時点の実力以上に高い株価で増資してしまうと，次回の増資ラウンドでの追加増資の途を閉ざしかねないのです。

　最適な株価は，「将来，追加増資できる可能性を留保しつつ，最も高い株価」と考えられます。

	株価低い	株価高い
資金調達額	少ない	多い
社長の持株比率	低い	高い
次回以降の追加増資可能性	高い	低い

6. ベンチャー企業の増資時の株価推移

　事業開始間もない段階における増資株価は低くなり，事業が軌道に乗り成長するにつれ，上場前のベンチャー企業の株価は高くなります。

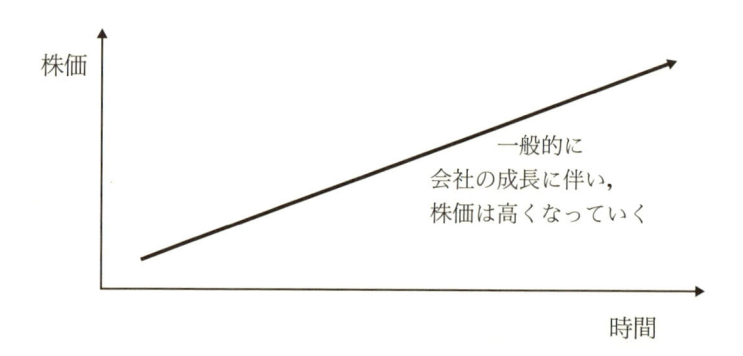

（図：時間の経過とともに株価が上昇する右肩上がりのグラフ。「一般的に会社の成長に伴い，株価は高くなっていく」）

　資金調達の時期は，資金調達のニーズと株価との関係を考慮して，適切なタイミングに決定する必要があります。
　ベンチャーキャピタルも，投資対象会社の成長段階に応じて，リスクとリターンのバランスを考えて投資を行うのです。
　一般に，ベンチャー企業は成長ステージに応じて，以下のような区分がなされます。

ベンチャー企業の成長段階	各成長段階の株価
シードステージ (Seed Stage)	技術・アイデア・製品化のコンセプトはあっても，事業開始前で机上プランの段階。ベンチャーキャピタルにとっての投資リスクは極めて高く，株価は極めて低くなる傾向があります。
スタートアップステージ (Startup Stage)	会社は設立されて，研究開発・製品開発は開始されているけれども，未だ販売活動は開始されていない段階です。これから本格的な事業展開に乗り出そうという時期を指します。シードステージよりも投資リスクは下がりますが，投資額は抑え目です。株価は，シードステージよりは高くなります。
アーリーステージ (Early Stage)	製品開発は終了し，マーケティング，製造および販売活動を開始しつつあり，ようやく売上が立ち始める初期段階のことです。生産力・販売力の拡大や，人材確保のための資金需要が拡大する時期です。スタートアップステージよりも投資リスクは下がり，株価は高くなります。アーリーステージでの時価総額は5億円未満のケースが多いようです。
グロースステージ (Growth Stage)	売上が損益分岐点を超え利益を計上している段階です。数年以内の株式上場が見込まれる状況です。アーリーステージよりも投資リスクは大幅に下がり，株価は一層高くなります。

　ベンチャーキャピタルは，投資リスクを要求利回りに織り込むので，投資段階が早く投資リスクが高い状況における増資等では，株価は低くなってしまいます。

	早いタイミング	遅いタイミング
株価	低くなりがち	高くなりがち
資金調達額	少なくなりがち	多くなりがち
社長の持株比率	低くなりがち	高くなりがち

創業間もない段階で，ベンチャーキャピタルを入れるとその後の資本政策は硬直化する可能性もありますので，メリットとデメリットをよく勘案した上で，資金調達する必要があります。

7．社長の出資とベンチャーキャピタルの出資はタイミングを分けるべき

社長が出資したときの低い株価から，ベンチャーキャピタルが出資する高い株価への急激な株価上昇の説明に困ることがあります。

決算をまたがない数ヵ月程度で，株価が10％超も異なる場合，マイルストーン達成等の事実がない限り，株価変動の合理的説明ができないことになります。上場前の株価算定は過去の株価算定との整合性が重要なのです。

特に，上場準備が進んで監査法人のショートレビューを受けるタイミング等では，増資時の株価の説明を求められます。

4 未上場会社の株価の本質

未上場会社の株式取引価格については，上場会社株式とは異なり，一物一価が成立しません。未上場株式取引の当事者の交渉によって様々な値を取りうるのです。

1. 純資産方式

　純資産法は，会計上の純資産額に基づいて1株当たりの純資産の額を計算する方法です。純資産を株主価値と考えて，株主価値を株数で除して，

（純資産法）

貸借対照表

資産（簿価 or 時価）	負債（簿価 or 時価）
	純資産（簿価 or 時価）

⇩ ÷ 株式数
1株当たりの株価

Column

一物多価

　「価格とは，売り手と買い手の間で決定された値段である。それに対して価値は，評価対象会社から創出される経済的便益である。価格が当事者間で取引として成立しているのに対して，価値は，評価の目的や当事者間のいずれかの立場か，あるいは売買によって経営権を取得するか等の状況によって，いわゆる一物多価（多面的な価値）となる。」（『企業価値評価ガイドライン』日本公認会計士協会Ｐ3）。

　「一般に「取引」行為は制度上強制されるものではなく任意の取引であるので，そこで用いられる評価法と評価結果の用途も様々であり，その結果，評価結果の値も異なってくるのである。」

　「最終的には，価格は「取引」の中で一つに決まってくる。したがって，ある価格が買い手にとって魅力的であっても，売り手にとっては魅力的でないということも，またその逆も起こりうる。通常は，売り手と買い手の両者にとって魅力的な価格で「取引」は成立する。」（『企業価値評価ガイドライン』日本公認会計士協会Ｐ56，Ｐ57）。

1株当たりの株価を算定します。

ベンチャーキャピタル等外部投資家からの投資を受ける前は，純資産方式に基づく株価で増資が行われることがあります。

相続税法上の純資産方式とは違い，会社の継続性を前提としているので法人税を控除しません。

	A	B	数式の説明
1	株価算定基準日純資産価額	60,000,000	
2	［社外流出分］		
3	配当金	4,000,000	
4	小　　計	4,000,000	
5	社外流出控除後純資産額	56,000,000	＝B1－B5
6	［評価損益］		
7	貸倒引当金		
8	土地の評価損益		
9	有価証券の評価損益		
10	ソフトウェアの減損		
11	会員権の評価損益		
12	評価損益計	0	＝SUM(B8：B12)
13	時価純資産額（合計額）	56,000,000	＝＋B6＋B13
14	発行済株式数	2,000	
15	1株当たり時価純資産額	28,000	＝B14/B15

2. DCF方式

(1) DCF方式とは？

DCF方式は，将来その企業が生み出すキャッシュ・フローを現在価値に割り引くことによって，株価を算定する手法です。

株価とは"株主価値"を株数で除したものをいいます。株数は発行済株式総数のことを意味する場合もあれば，潜在株式数を含んだ株数を意味する場合もあります。いずれにしても，株価算定は1株当たりの株主価値算定の問題なのです。

"株主価値"とは，"企業価値"から"実質有利子負債"を差し引いた概念です。以下の等式の右辺は，企業価値の貸方を意味します。

なお，一般に株価算定書は1株当たりの株主価値の算定を目的としています。

企業価値＝株主価値＋有利子負債（＝有利負債）

"企業価値"は，"事業価値"と"非事業価値"の合計ともいえます。

以下の等式の右辺は，企業価値の借方を意味します。

企業価値＝事業価値＋非事業価値

DCF法で価値を算定するのは，事業価値を意味します。

事業価値＋非事業価値－有利子負債＝株主価値

事業価値＝$\dfrac{各期のフリー・キャッシュ・フローを}{現在価値に割り引いた金額}$＋残存価値

非事業価値については，現金預金や遊休資産を時価評価して算定します。

残存価値については，継続価値が用いられるケースが多いようです。具体的には予測最終事業年度のフリー・キャッシュ・フローを一定とみなします。

なお，アーリーステージのベンチャー企業に対して継続価値を用いる手法については以下のような批判もあります。

「キャッシュ・フローの価値評価の対象期間が，開発中の期間，売上高が採算レベルに達する前の期間，それに急成長の期間に当たる場合には，期ごとに算定すべきである。継続価値が適用できる期間は，ベンチャー企業の成長率が安定すると思われる時期以降である。」
(『アントレプレナーファイナンス』リチャード・L・スミス他著，中央経済社，396頁)

DCF法のイメージ図として，以下の図をご参照ください。

DCF法の概念図

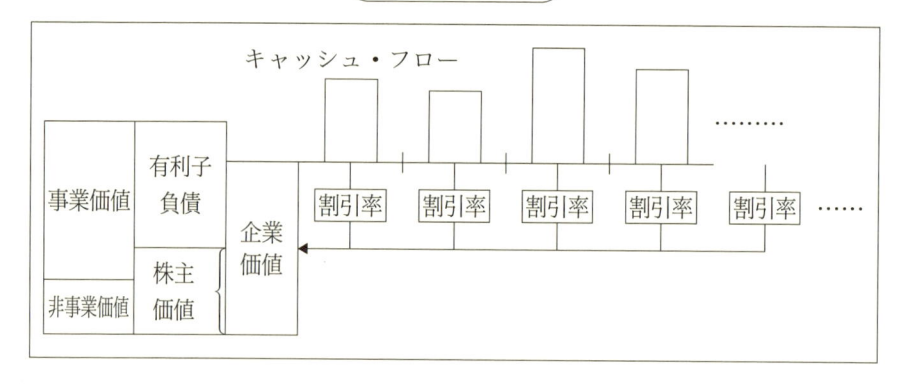

(2) DCF方式による株価算定

以下は，エクセルを利用したDCF方式による簡便な株価算定モデルです。

	A	B	C	D	E	F
1	項目	第3期	第4期	第5期	第6期	第7期
2		2014/06	2015/06	2016/06	2017/06	2018/06
3	売上	667,800	1,053,800	1,573,800		
4	売上原価	101,426	221,189	365,479		
5	売上総利益	566,374	832,611	1,208,321		
6	販売管理費	384,307	477,964	567,838		
7	営業利益	182,067	354,647	640,483		
8	営業外収益（受取利息等）	0	0	0		
9	営業外費用（支払利息等）	7,643	5,063	2,673		
10	税引前利益（経常利益）	45,000	60,000	100,000	150,000	270,000

11	税引後当期利益	27,000	36,000	60,000	90,000	162,000
12	受取利息(＋)	50	60	70	80	90
13	支払利息(－)	2,215	554	0	0	6,645
14	当期分法人税等（＋）	18,000	24,000	40,000	60,000	108,000
15	EBIT	47,165	60,494	99,930	149,920	276,555
16	EBITに対する法人税等（－）	18,866	24,198	39,972	59,968	110,622
17	NOPAT（税引後のEBIT）	28,299	36,296	59,958	89,952	165,933
18	非現金支出費用	13,000	14,000	18,000	20,000	30,000
19	設備投資額	40,000	20,000	30,000	40,000	50,000
20	運転資金増減額	0	10,000	12,000	13,000	20,000
21	フリー・キャッシュ・フロー	1,299	20,296	35,958	56,952	125,933
22	2.83%	＊割引率				
23	現在価値割引後	1,263	19,193	33,067	50,930	109,514
24	0.00%	FCF成長率				
25	残存価値（永続）	4,444,694				
26	事業価値合計	4,658,662				
27	非事業価値	0				
28	企業総価値合計	4,658,662				
29	株主価値	4,558,662				
30	1株当たり株主価値(株価)	651,237		株数	7,000株	
31	■株主資本コスト構成要素					
33	リスクフリーレート（Rf）	2.00%				
34	エクイティリスクプレミアム(Rm－Rf)	5.00%				
35	β値（β）	1.200				
36	■株主資本の資本コスト					
37	(Rf)＋(β)×(Rm－Rf)	8.00%				
38	■WACC			基準日末		
39	負債コスト①	3.000%		有利子負債	100,000	
40	資本コスト②	8.000%		純資産	20,000	
41	WACC＝割引率	2.833%		実効税率	40.0%	

(3) 割引コストの算定

① 加重平均資本コストの算定

　DCF法による株価評価の際には，割引率を求める必要があります。この割引率は加重平均資本コスト（Weighted Average Cost of Capital）が用いられます。

　ここで資本コストとは，企業が事業を行うために調達した資本や負債のコストです。具体的には，株式に対する配当支払や債権者への利息支払等

です。株主資本の調達コストは株主資本コスト，負債の調達コストは負債コストといいます。

この株主資本コストと負債コストを加重平均したものを加重平均資本コストといい，WACC（ワック）とも呼ばれます。

例えば，WACCは以下のようにエクセルで算出することができます。

	A	B
1	有利子負債（千円）	5,000
2	株主資本（千円）	10,000
3	実効税率	40.0%
4	有利子負債コスト（税引後）①	4.0%
5	株主資本コスト②	10.00%
6	WACC（①，②加重平均値）＝割引率	7.47%

WACC(＝B6)＝((B1*B4)*(1－B3)＋(B2*B5))/(B1＋B2)

なお，株主資本コストは，後述のようにCAPM理論によって算出されます。負債コストは，税引後で捉えますので，

　負債コスト＝支払利率×(1－実効税率)

となります。

② CAPMによる株主資本コストの算定

株主資本コストは調達企業の観点では資本の調達コストですが，投資家の観点からみると，投資家の要求する最低限の収益率といえます。

この投資家の要求する最低限の収益率である株主資本コストは，CAPM理論（Capital Asset Pricing Model　資本資産評価モデル）に基づいて算出されます。CAPM理論は，ウィリアム・シャープによって発表された「投資家はリスクが高いほど，要求収益率が高くなる」というフ

ァイナンス理論です。

> **【CAPMによる株主資本コストの算定式】**
>
> 株主資本コスト＝安全利子率＋エクイティリスクプレミアム×β＝投資家の要求する最低限の要求収益率

　安全利子率については長期国債利回り（実務上，10年国債利回りが用いられることが多い）を用います。新発10年国債利回りは，日経ネットや日本相互証券のホームページから入手できます。なお，実務上，簡便的には２％の数値が用いられることが多いようです。

　エクイティリスクプレミアムについては過去のリスクプレミアム（株式市場の収益率と長期国債利回りの差）を用います。

　会社のβ（ベータ）については株価および株価指数データ等に基づいて推定されます。

　③　β（ベータ）値の入手方法

　β（ベータ）値（以下β値）とは，株式市場の変動に対する株価の感応度をいいます。

　個別企業の株式の収益が株式証券市場全体の動きに対してどの程度反応して変動するかを示す数値です。

　例えば，ある個別株式のβ値が１ということは，株式市場全体の動きに対して完全に連動することを意味します。また，ある個別株式のβ値が1.3ということは，市場全体が30％上昇するとその銘柄は30％上昇し，逆に市場全体が30％下落するとその銘柄は30％下落することを意味します。

　上場会社のβ値は，Bloombergのサイトから無料で入手できます。
http://www.bloomberg.co.jp/

　なおBloombergのサイトから入手できるβ値は，TOPIXに対する修正ベータ値です。このデータは，過去２年のデータ（104週分）をもとに

算出されています。

④ エクイティリスクプレミアム

実務上，4～6％程度の数値が用いられることが多いようです。

より精度の高いエクイティリスクプレミアムが必要な場合，イボットソン・アソシエイツ・ジャパンから有償で入手することができます。

http://www.ibbotson.co.jp/

(4) ベンチャー投資とCAPM

CAPMで計算された株主資本コストは，一般に，ベンチャーキャピタルの要求利回り（各ベンチャーキャピタルによって異なりますが10～50％程度が多いようです）に比べて，低い数値になる傾向があります。

CAPMにより求められた株主資本コストとベンチャーキャピタルの利回りとの差は，非流動性プレミアム，ハンズオンによるプレミアム，投資対象企業特有のリスクプレミアム等に原因を求めることができます。

$$\text{ベンチャーキャピタルの要求利回り} = \text{安全利子率} + \text{エクイティリスクプレミアム} \times \beta + \text{非流動性プレミアム} + \text{ハンズオンプレミアム}$$

そのため，未上場会社株式の評価では，CAPMにより求められた資本コストをそのまま用いるケースは稀です。相当な追加プレミアムを加算する（株価は低く抑えられます）ことが実務上は多いといえます。

このようにベンチャーキャピタルの要求する利回りがCAPMにより求められた株主資本コストより高い理由は，要求利回りがベンチャーキャピタルにとってのハードル・レートだからなのです。

なお，追加プレミアムは，会社の成長段階がアーリーステージかレイターステージかによって異なります。

	アーリーステージ	レイターステージ
追加プレミアム	高い	低い
割引コスト	高い	低い

3. 類似会社比準評価方式

　類似会社比準評価方式とは，上場企業の株価を基準にして未上場会社の株価を算定する方法です（株式上場前の制限期間中に行う第三者割当増資や株式異動，入札下限価格の算定の際に用いられることが多いです）。

　新規上場計画が具体化した段階で用いられるべき株価算定方法です。

---

① 類似会社比準評価方式
（評価方式）

$$A' = A \times \frac{\left(\frac{B'}{B} + \frac{C'}{C}\right)}{2}$$

A′＝評価会社株価
B′＝評価会社1株当たり予想当期純利益
C′＝評価会社1株当たり予想時価純資産額
A＝類似会社平均株価
B＝類似会社平均1株当たり予想当期純利益
C＝類似会社平均1株当たり予想時価純資産額

エクセルによる類似会社比準法による株価算定例

	A	B
1	評価対象会社名	評価対象会社
2	経常利益	150,000,000
3	当期純利益	60,000,000
4	純資産	120,000,000
5	発行済株式数	120,000
6	潜在株式数	10,000

7	1株当たり経常利益（B′）	1,250	
8	1株当たり時価純資産（C′）	923	
9			
10	類似会社 I	A株式会社	
11	平均株価（A I）	2,000	
12	1株当たり経常利益（B I）	300,000	
13	1株当たり時価純資産（C I）	1,200	
14			
15	類似会社 II	B株式会社	
16	平均株価（A II）	1,500	
17	1株当たり経常利益（B II）	280,000	
18	1株当たり時価純資産（C II）	1,300	
19			
20	類似会社 III	C株式会社	
21	平均株価（A III）	1,200	
22	1株当たり経常利益（B III）	300,000	
23	1株当たり時価純資産（C III）	900	
24			
25	平均株価（A）	1,567	＝（A I ＋A II ＋A III）/ 3
26	平均1株当たり経常利益（B）	293,333	＝（B I ＋B II ＋B III）/ 3
27	平均1株当たり時価純資産（C）	1,133	＝（C I ＋C II ＋C III）/ 3
28			
29	評価会社株価（A′）	2,628	＝A＊（B′/B＋C′/C）/ 2

> **Column**
>
> ## 東京証券取引所の規則に定める「類似会社比準価格の算定基準」
>
> 　類似会社比準価格の算定については，以下に定めるところによるものとする。
>
> 1．類似会社（新規上場申請者の株式の発行価格又は売出価格の算定の基礎とすることが適当な会社をいう。以下同じ。）については，国内の金融商品取引所に上場されている株券の発行者のうちから，次の(1)から(5)までに掲げる事項並びに株価の形成及び株券の流通面を総合的に勘案し，原則として2社以上（当取引所が選定した会社1社以上を含む。）を選定するものとする。
>
> 　(1)　主要事業部門又は主要製品
> 　(2)　部門別又は製品別の売上高構成比
> 　(3)　業績及び成長性（1株当たりの純利益額及び純資産額，売上高及び純利益等の伸び率等）
> 　(4)　企業規模（売上高，純利益額，総資産額，純資産額，発行済株式総数等）
> 　(5)　その他（地域性，販売形態，販売系列等）
>
> 2．類似会社比準価格算定式
>
> 　　類似会社比準価格は次の算式により算定した価格とする。
>
> $$\text{類似会社比準価格} = \text{類似会社株価} \times \frac{1}{2} \times \left[\frac{\text{新規上場申請者の1株当たり純利益額}}{\text{類似会社の1株当たり純利益額}} + \frac{\text{新規上場申請者の1株当たり純資産額}}{\text{類似会社の1株当たり純資産額}} \right]$$
>
> 　(1)　1株当たり純利益額及び純資産額について
> 　　a．1株当たり純利益額は，損益計算書における直前事業年度の税引後当期純利益額に基づき算出する。
> 　　b．1株当たり純資産額は，貸借対照表における直前事業年度の純資産の部の額に基づき算出する。
> 　(2)　類似会社が，直前事業年度の末日の翌日以後増資等により発行済株式総数に増減があった場合の当該会社の1株当たりの純利益額及び純資産額の修正について
> 　　a．1株当たり純利益額は，純利益額を増減後の発行済株式総数で除して得た額とする。

b．1株当たり純資産額は，直前事業年度の末日の純資産額に増資等による増減後の純資産額を増減後の発行済株式総数で除して得た額とする。
　(3) 新規上場申請者が，直前事業年度の末日の翌日以後増資（上場申請日から上場日の前日までの期間における株券の公募を除く。）等により発行済株式総数に増減があった場合の当該会社の1株当たり純利益額及び純資産額の修正について
　　　a．1株当たり純利益額は，純利益額を増減後の発行済株式総数で除して得た額とする。
　　　b．1株当たり純資産額は，増減後の純資産額を増減後の発行済株式総数で除して得た額とする。
　(4) 前2号の発行済株式総数に増加があった場合には，新株予約権若しくはこれに準ずる権利又は転換請求権が存在する場合を含むものとする。この場合における1株当たり純利益額及び1株当たり純資産額は，前2号に規定する算出方法にかかわらず，財務諸表等規則第95条の5の2第2項に規定する潜在株式調整後の1株当たり純利益金額の算出方法その他の合理的な算出方法により算出した金額とする。
　(5) 異常な特別損益等により税引後当期純利益額を採用することが適当でない場合または最近数年間における業績に大きな変動が認められるなど，第1号により難い場合には，合理的な方法によることができる。
　(6) 類似会社の株価について
　　　原則として，最近1か月の単純平均株価とする。ただし，市況等により株価変動の著しい銘柄については，相当と認められる期間の単純平均株価を採用することができる。
　(7) 類似会社の数値について
　　　類似会社の株価，1株当たりの純利益額及び純資産額については，原則として各類似会社の数値を単純平均した数値とする。
3．その他
　算定された類似会社比準価格が異常と認められる場合または前2項により算定することが困難な場合には，他の合理的な方法により算定できるものとする。

4. PER比準方式

(1) PERの意義

　PER比準方式は，評価対象会社の上場時1株当たり予想当期純利益に類似する上場会社のPERを乗じて株価を算定する方式です。

　PER（Price Earning Ratio）は，株価収益率の英訳であり，基準日の類似上場会社の株価をEPS（Earnings Per Share。1株当たり当期純利益）で割った倍率を基に予想PERを求めます。

　自社と類似する業種の会社や直近の新規株式上場会社のPERも勘案して予想PERを試算するのが望ましいでしょう。Yahoo!ファイナンスの新規上場企業情報が参考になります。

$$PER = \frac{1株当たり株価}{1株当たり当期純利益}$$

予想上場価格＝予想EPS×予想PER

　あくまで類似会社比準法の簡便法に過ぎませんが，実務上，資本政策の株式上場時点における株価試算に一番多く用いられます。ベンチャーキャピタルが投資検討の際に，上場時株価を試算する場合にも，通常はPER比準方式を用います。

PER による株価算定例

	A	B	C	D	E
1		類似上場会社A	類似上場会社B	類似上場会社平均	評価対象会社
2	1株当たり当期純利益(円)	1,000	600		800
3	株価(円)	30,000	10,000		18,672
4	PER(倍)	30.00	16.67	23.34	

E3＝＋E2×D4
D4＝ROUND(SUM(B4:C4)/COUNTIF(B4:C4,">0"),2)

(2) 最近の上場事例における初値 PER の状況

　平成24年度株式上場事例における初値の PER 状況は，次頁の表のとおりでした。

　JASDAQ で PER の平均値は，12.9倍，マザーズで36.8倍，その他新興市場では7.8倍でした。PER は業種や個別の企業事情を色濃く反映する指標でありますので，あくまで参考値として活用するのが望ましいと思います。

　株式上場後の適正な株価形成のためにも，資本政策立案段階での予想PER と予想上場価格は控えめに見積ることが重要となります。

初値のPER状況

初値PER（倍）	JASDAQ 会社数	JASDAQ 比率	マザーズ 会社数	マザーズ 比率	その他新興市場 会社数	その他新興市場 比率
－ ～ 5	1	7.1%	3	13.0%	－	－
5 ～ 10	7	50.0%	0	0.0%	2	100.0%
10 ～ 20	5	35.7%	5	21.7%	－	－
20 ～ 30	－	－	4	17.4%	－	－
30 ～ 40	－	－	6	26.1%	－	－
40 ～ 50	－	－	－	－	－	－
50 ～ 100	1	7.1%	4	17.4%	－	－
100倍以上	－	－	1	4.3%	－	－
合計	14	100.0%	23	100.0%	2	100.0%
平均	12.9倍		36.8倍		7.8倍	

(注) 初値PERの「－」は，当期純損失のケースです。
出典：『株式公開白書　平成25年版（平成24年1月～12月）』，㈱プロネクサス

5．PBR比準方式

　PBR比準方式は，評価対象会社の上場時1株当たり純資産に類似する上場会社のPBRを乗じて株価を算定する方式です。
　PBR（Price Book-value Ratio）は，株価純資産倍率の英訳であり，基準日の類似上場会社の株価を1株当たり純資産で割った倍率です。

> PBR＝1株当たり株価／1株当たり簿価純資産

　あくまで類似会社比準法の簡便法に過ぎませんが，創業初期段階における資本政策においては，確定決算数値を基に試算するため客観性・確実性

の点からは，一定の意味を有します。

	A	B	C	D	E
1		類似 上場会社A	類似 上場会社B	類似 上場会社 平均	評価対象会社
2	純資産（円）	8,000	600		700
3	株価（円）	20,000	1,000		1,463
4	PBR（倍）	2.50	1.67	2.09	

E3＝＋E2*D4
D4＝ROUND(SUM(B4:C4)/COUNTIF(B4:C4,">0"),2)

6. 株価算定における税法上の株価の位置づけ

(1) 税法上の株価を用いなくてよい場合

　全く利害関係のない第三者間の株式取引においては，当事者がそれぞれ経済的に合理的に行動して算定された株価は，税務上も容認されるのです。すなわち，実際の取引価額が「時価」になるのです。

　　「純然たる第三者間において種々の経済性を考慮して定められた取引価額は，たとえ上記したところと異なる価額であっても，一般的に常に合理的なものとして是認されることとなろう。」（『法人税基本通達逐条解説三訂版』　奥田芳彦編著，税務研究会出版局，平成16年6月10日，628頁）

(2) 税法上の株価を用いなければならない場合

　上場準備会社で相続税法の「財産評価基本通達」等の税法上の株価が用いられることがあります。

　税法上の株価を用いなければならない場合とは，関係会社や法人の同族

関係者等の特殊関係者との株式取引を行う場合です。特殊関係者との取引においては，取引価額に恣意性が入り，税負担を回避するような不当な価額を用いる場合があるため，税法による客観的画一的な評価法を用いなければなりません。

相続・贈与のときの同族株主間の株式取引	財産評価基本通達
同族株主（法人）間の株式取引	法人税基本通達
同族株主（個人）株式譲渡	所得税基本通達

[原則法]

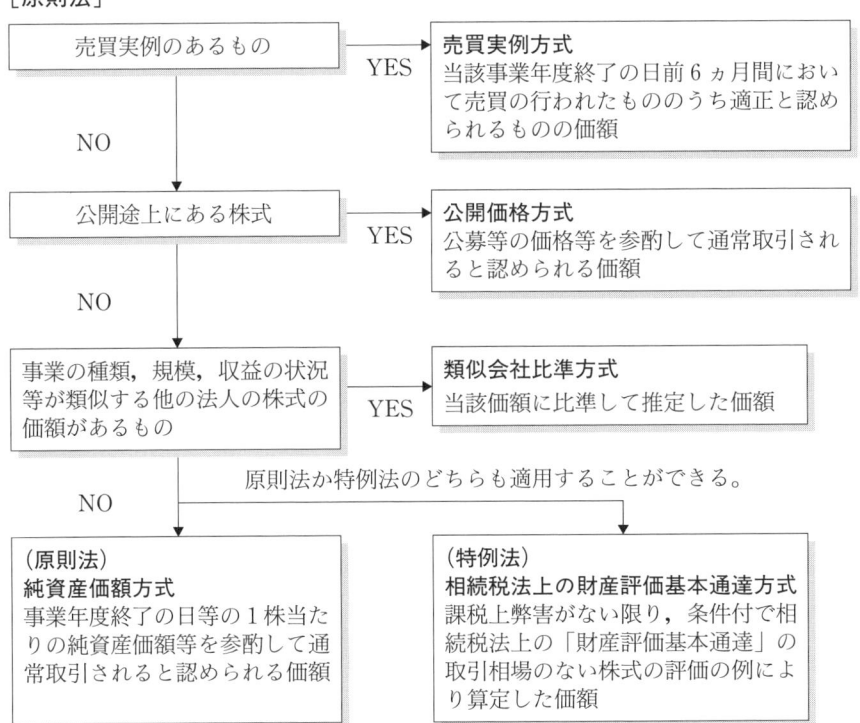

```
売買実例のあるもの ──YES──▶ 売買実例方式
                              当該事業年度終了の日前6ヵ月間において売買の行われたもののうち適正と認められるものの価額
    │NO
    ▼
公開途上にある株式 ──YES──▶ 公開価格方式
                              公募等の価格等を参酌して通常取引されると認められる価額
    │NO
    ▼
事業の種類，規模，収益の状況 ──YES──▶ 類似会社比準方式
等が類似する他の法人の株式の                当該価額に比準して推定した価額
価額があるもの
    │NO                  原則法か特例法のどちらも適用することができる。
    ▼
（原則法）                              （特例法）
純資産価額方式                          相続税法上の財産評価基本通達方式
事業年度終了の日等の1株当た              課税上弊害がない限り，条件付で相
りの純資産価額等を参酌して通              続税法上の「財産評価基本通達」の
常取引されると認められる価額              取引相場のない株式の評価の例により算定した価額
```

同族株主に関わる株式取引については，特例法における財産評価基本通達に基づく株価算定が行われることが多いようです。

(3) 取引相場のない株式の評価

相続税法における取引相場のない株式（非上場会社株式）の評価は，株主の判定，会社規模の判定等を通じて行われます。

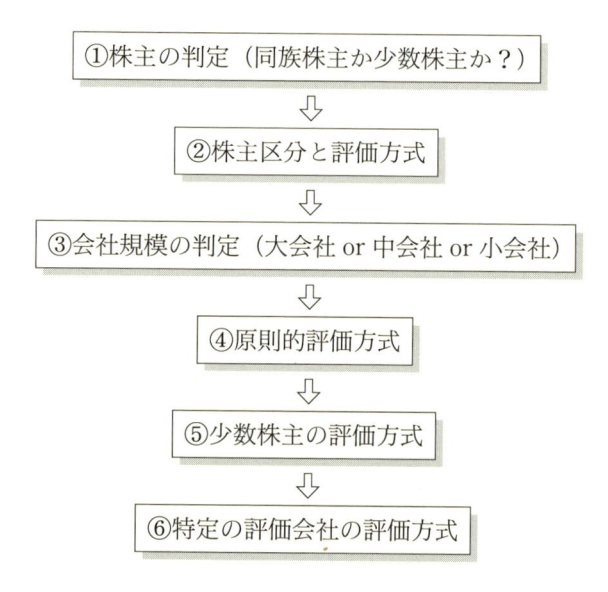

```
①株主の判定（同族株主か少数株主か？）
          ⇩
②株主区分と評価方式
          ⇩
③会社規模の判定（大会社 or 中会社 or 小会社）
          ⇩
④原則的評価方式
          ⇩
⑤少数株主の評価方式
          ⇩
⑥特定の評価会社の評価方式
```

① 株主の判定

まず，非上場会社の株主が経営支配力のある同族株主（一般に社長一族）か，それとも，それ以外（非同族）の少数株主かによって評価方法が異なってきます。

同族株主とは，株主1人とその同族関係者の議決権が30%以上の場合の，その株主と同族関係者のことです（1グループだけで50%以上を占めている場合は，そのグループに属する株主のみが同族株主に該当します，その他の株主は30%以上の株式を所有していても同族株主にはなりません）。

同族株主	原　則	株主の1人およびその同族関係者の有する議決権の合計数が，その会社の議決権総数の30％以上である場合の当該株主およびその同族関係者をいいます。
	特　則	株主の1人およびその同族関係者の有する議決権合計数が最も多いグループの有する議決権合計数が，その会社の議決権総数の50％超である会社については，その50％超以上の株式を有するグループに属する株主をいいます。
中心的な同族株主		同族株主のうち1人ならびにその株主の配偶者，直系血族，兄弟姉妹および一親等の姻族（特殊関係会社を含む）の有する株式の合計数がその会社の発行済株式総数の25％以上である場合の当該株主をいいます。
中心的な株主		同族株主のいない会社の株主であり，かつ，その同族関係者の有する議決権合計数が，その会社の議決権総数の15％以上である株主グループのうち，いずれかのグループに単独でその会社の発行済株式数の10％以上の株式を所有している株主がいる場合の当該株主をいいます。
役　員		社長，理事長，代表取締役，代表執行役，代表理事，清算人，副社長，専務取締役，専務理事，常務取締役，常務理事，その他これらの者に準ずる役員，会計参与，監査役および監事等をいいます。

② 株主区分と評価方式

　同族株主に対しては原則的評価方式，少数株主に対しては特例的な評価方式の特例的評価方式（配当還元方式）により評価します。

株主区分と評価方式

株主区分					株主区分	評価方式
同族株主のいる株主	同族株主	取得後の議決権割合5％以上			支配株主	原則的評価方法
		取得後の議決権割合5％未満	中心的な株主がいない場合			
			中心的な同族株主がいる場合	中心的な同族株主		
				役員		
				その他	非支配株主	特例的評価方法
	同族株主以外の株主					
同族株主のいない株主	議決権割合の合計が15％以上のグループに属する株主	取得後の議決権割合5％以上			支配株主	原則的評価方法
		取得後の議決権割合5％未満	中心的な株主がいない場合			
			中心的な株主がいる場合	役員		
				その他		
	議決権割合合計が15％未満のグループに属する株主				非支配株主	特例的評価方法

③ 会社規模の判定

　非上場会社株式を評価する場合，その会社の規模を，大会社，中会社，小会社に区分します。なお中会社は，さらに中会社（大），中会社（中），中会社（小）に区分されます。

　この場合の会社規模は，(1)直前期末以前1年間の従業員数，(2)直前事業年度末日における総資産価額及び(3)直前期末以前1年間の売上高によって

判定します。なお，取引金額によって判定した会社規模と総資産価額・従業員数によって判定した会社規模が異なる場合，より上位の規模によって判定することになります。

会社規模の判定

	卸売業		小売・サービス業		卸売業，小売業・サービス業以外	
	取引金額（注1）	総資産価額（注2）および従業員数（注3）	取引金額（注1）	総資産価額（注2）および従業員数（注3）	取引金額（注1）	総資産価額（注2）および従業員数（注3）
大会社	80億円以上	20億円以上 50人超	20億円以上	10億円以上 50人超	20億円以上	10億円以上 50人超
中会社（大）	50億円以上 80億円未満	14億円以上 50人超	12億円以上 20億円未満	7億円以上 50人超	14億円以上 20億円未満	7億円以上 50人超
中会社（中）	25億円以上 50億円未満	7億円以上 30人超	6億円以上 12億円未満	4億円以上 30人超	7億円以上 14億円未満	4億円以上 30人超
中会社（小）	2億円以上 25億円未満	7,000万円以上 5人超	6,000万円以上 6億円未満	4,000万円以上 5人超	8,000万円以上 7億円未満	5,000万円以上 5人超
小会社	2億円未満	7,000万円未満 5人以下	6,000万円未満	4,000万円未満 5人以下	8,000万円未満	5,000万円未満 5人以下

（注1）「直前期末以前1年間における取引金額」は，直前期末以前1年間における売上高です。評価会社が「卸売業」，「小売・サービス業」又は「卸売業，小売・サービス業以外」のいずれの業種に該当するかは，直前期末以前1年間における取引金額に基づいて判定し，当該取引金額のうちに2以上の業種に係る取引金額が含まれている場合には，それらの取引金額のうち最も多い取引金額に係る業種によって判定します。

（注2）「総資産価額」は，課税時期の直前に終了した事業年度の末日における評価会社の各資産の帳簿価額（貸倒引当金控除前）の合計額です。

（注3）「従業員数」は，直前期末以前1年間においてその期間継続して評価会社に勤務していた従業員（就業規則等で定められた1週間当たりの労働時間が30時間未満である従業員を除く。以下この項において「継続勤務従業員」という）の数に，直前

期末以前1年間において評価会社に勤務していた従業員（継続勤務従業員を除く）のその1年間における労働時間の合計時間数を従業員1人当たり年間平均労働時間数（1,800時間）で除して求めた数を加算した数とします。
- 従業員数＝継続勤務従業員数＋継続勤務従業員以外の労働時間合計数÷1,800時間
- 継続勤務従業員以外の人数とは、期中採用従業員、期中退職従業員、パートアルバイト等の人数です。

④ 原則的評価方式

a 大会社

大会社は、原則として、類似業種比準方式により評価します。類似業種比準方式は、類似業種の株価を基に、評価する会社の1株当たりの配当金額、利益金額および純資産価額の3つで比準して評価する方法です。類似業種の株価は、国税庁ホームページ（http://www.nta.go.jp/）で調べられます。

> 類似業種比準価額方式

類似業種比準価額は、類似業種の株価ならびに1株当たりの配当金額、年利益金額および純資産価額を基とし、次の算式によって計算した金額とします。この場合において、評価会社の直前期末における資本金等の額を直前期末における発行済株式数で除した金額（以下「1株当たりの資本金等の額」という）が50円以外の金額であるときは、その計算した金額に、1株当たりの資本金等の額の50円に対する倍数を乗じて計算した金額とする。

$$A \times \left[\frac{\frac{Ⓑ}{B} + \frac{Ⓒ}{C} \times 3 + \frac{Ⓓ}{D}}{5} \right] \times 0.7$$

上記算式の適用に当たっては、次による。
(1) 上記算式中の「A」、「Ⓑ」、「Ⓒ」、「Ⓓ」、「B」、「C」および「D」は、それぞれ以下の金額となります。
「A」＝類似業種の株価
「Ⓑ」＝評価会社の1株当たりの配当金額(直前期末以前2年間の平均配当金額)

「ⓒ」＝評価会社の1株当たりの利益金額(直前期末1年間または直前期末以前2年間法人税の課税所得金額＋配当金益金不算入等＋損金算入繰越欠損金)
「ⓓ」＝評価会社の1株当たりの純資産価額(直前期末の資本金等＋利益積立金額)
「B」＝課税時期の属する年の類似業種の1株当たりの配当金額
「C」＝課税時期の属する年の類似業種の1株当たりの年利益金額
「D」＝課税時期の属する年の類似業種の1株当たりの純資産価額(帳簿価額によって計算した金額)
(注) 類似業種比準価額の計算に当たっては,「ⓑ」,「ⓒ」,「ⓓ」の金額は評価会社の1株当たりの資本金等の額を50円とした場合の金額として計算することに留意する必要があります。
(2) 上記算式中の「0.7」は,中会社の株式を評価する場合には「0.6」,小会社の株式を評価する場合には「0.5」となります。

b 小会社

小会社は,原則として,純資産価額方式によって評価します。純資産価額方式は,会社の総資産や負債を原則として相続税の評価に洗い替えて,その評価した総資産の価額から負債や評価差額に対する法人税額等相当額を差し引いた残りの金額により評価する方法です。

$$\frac{(相続税評価額による純資産価額－評価益の40\%)}{発行済株式数}$$

ただし,納税義務者の選択により,中会社に準じた一定の算式により計算した金額によって評価することができます。

c 中会社

中会社は,大会社と小会社の評価方法を併用して評価します。具体的には,類似業種比準価額と純資産価額とで加重平均して評価します。加重平

均割合は，中会社（大），中会社（中），中会社（小）ごとに異なります。

中会社の区分	類似業種比準価額と純資産価額の加重平均割合
中会社（大）	（類似業種比準価額×0.9）＋（純資産価額×0.1）
中会社（中）	（類似業種比準価額×0.75）＋（純資産価額×0.25）
中会社（小）	（類似業種比準価額×0.6）＋（純資産価額×0.4）

⑤　少数株主の評価方式

少数株主の株式の評価は，原則として配当還元価額によります。

⑥　特定の評価会社の評価方式

株式保有特定会社，土地保有特定会社等の株式の評価については純資産価額方式により評価します。

7.　公認会計士による株価算定

上場を目指す未上場会社の場合，株式上場申請書類において，合理的な株価の算定根拠，株価算定方法の採用理由等を開示することが義務づけられています。

未上場会社において，株価算定書を入手しないまま根拠に乏しい価格で株式異動が行われるケースがありますが，上場審査上・税務上の大問題になってしまう場合がありますので，事前に公認会計士による株価算定書入手が必要となります。

上場前に複数回の増資を行う場合，前回株価と今回株価との変動理由を合理的に説明できなければなりません。

特に短期間で株価が大幅に上下する場合，株価変動理由を説明するのは困難になります。したがって，決算後，新製品完成後，大口取引受注後等といったマイルストーン達成タイミングを見計らってファイナンスすることが望ましいでしょう。

8．株式を低額で譲渡した場合の税務リスク

　株式上場前の資本政策の一環として，親族間等で株式売買が時価以下で行われることがありますが，重大な税務リスクを伴います。

⑴　個人間の売買（買主に贈与税リスク）
　（売主側）
　（実際の売価－取得価額）に課税されるので税務リスクはないと考えられます。
　（買主側）
　（時価－売価）の差額について贈与とみなされ贈与税が課せられるリスクがあります。

⑵　個人から法人への売買（双方に税務リスク）
　（売主側）
　時価の2分の1未満で売買すると，実際の譲渡金額ではなく，みなし譲渡として（時価－取得価額）に課税される税務リスクがあります。
　（買主側）
　（時価－売価）について受贈益として法人税課税リスクがあります。

⑶　法人から個人への売買（双方に税務リスク）
　（売主側）
　（時価－売価）について寄附金，役員賞与等と認定される税務リスクがあります。
　（買手側）
　（時価－売価）に一時所得または給与所得として課税されるリスクがあります。

(4) 法人から法人への売価（双方に税務リスク）

　（売主側）

　（時価－売価）について寄附金として認定される税務リスクがあります。

　（買手側）

　（時価－売価）について受贈益として法人税課税されるリスクがあります。

第4章

安定株主対策と資本政策

　将来の株式上場に向けて，経営安定化のために安定株主対策が必要となります。

　安定株主とは，経営者が経営権を確保し維持するために，経営者に協力してくれる株主のことです。株式を売却目的による保有ではなく，長期保有することが期待できる株主です。

　社長以外の安定株主候補としては，社長の親族およびその同族会社等が考えられます。その次の安定株主候補としては，役員陣，取引先，従業員，金融機関等です。社長以外の株主は，場合によっては株式を売却する可能性は否定できません。安定株主として過度の期待を抱くことは禁物です。

　なお，ベンチャーキャピタルは，言うまでもありませんが，安定株主ではありません。したがって「仮に投資段階で，株式上場後にすぐに株式を売却するようなことはありません」ということを額面通りに受けとることはできないのです。通常，株式上場後半年程度で売却すると考えてください。

　安定株主比率がどの程度が適正かを検討するには，会社法における議決権比率と株主の権利との関係を考えてみる必要があります。株主の権利との関係で節目となる議決権比率の目安は，3分の2以上，2分の1超，3分の1超となります。

議決権比率と株主総会決議の種類

$\frac{2}{3}$以上の議決権を保有している場合	株主総会における特別決議で可決可能。 • 譲渡制限株式の買取の決定または指定買取人の指定 • 株主との合意による自己株式の取得 • 全部取得条項付種類株式の取得および相続人等に対する売渡請求 • 株式の併合 • 募集株式の募集事項の決定・募集新株予約権等の割当等 • 累積投票により選任された取締役の解任または監査役の解任 • 役員等の責任の一部免除 • 資本金の減少 • 金銭以外の財産による配当 • 定款の変更，事業の譲渡等，解散 • 組織変更，合併，会社分割，株式交換および株式移転
$\frac{1}{2}$超の議決権を保有している場合	株主総会における普通決議で可決可能。 • 取締役・監査役等の選任 • 累積投票によらない取締役・監査役等の解任 • 取締役・監査役の報酬額決定 • 金銭による剰余金の配当決定 • 計算書類等の承認
$\frac{1}{3}$以上の議決権を保有している場合	株主総会における特別決議で可決を阻止可能（拒否権）。

　経営権を安定化させるためには，オーナー経営者とその協力者の議決権比率が一定以上である必要があります。

　理想的には，オーナー経営者が100％の株式を保有していれば，全ての会社経営の意思決定を自由に行うことが可能となります。

しかしながら，オーナー経営者単独で100％の持株比率を維持できない場合でも，3分の2以上保有していれば，株主総会の特別決議を可決することができます。少なくともオーナー経営者の一族と友好的株主と共同で3分の1超，可能であれば2分の1超の持株比率確保が必要でしょう。

持株比率の3分の1超を保有していれば，株主総会の特別決議において拒否することができます。また，2分の1超を保有していれば，株主総会普通決議を可決することが可能となりますし，オーナー経営者の意向に沿った新取締役の選任も可能となるのです。

1 誰から資金調達するか？

誰から資金調達するかは，政治の世界における，与党と野党がどれだけの議席を確保するのか？　という問題に似ています。すなわち与党の議席が少ないと，与党だけでは大事な決議を通すことができなくなるのです。

利害関係者の資金力と経営安定化への影響

社長	個人資力に限界があるが，経営安定化に最も有用。役員報酬から増資資金を捻出すると，個人の税金負担に耐えられるかを考慮する必要がある。特に住民税は1年遅れで課税されるので，事前に納税資金を準備しておく必要がある。
社長の親戚	経営安定化に有用なため，可能な限り，協力を仰ぎたいが，個人資力には限界がる。
社長の友人・知人	経営安定化にある程度有用ではあるが，個人資力に限界がある。また上場後にすぐに株式売却する可能性が高い。
取引先	経営安定化に有用。資金力は各社各様で異なる。
役員	個人資力に限界。経営安定化に有用。上場後に株式売却する可能性が高い。また退職した場合，外部株主になってし

	まうので安定株主として過度の期待は禁物。
従業員	上場後に株式売却する可能性が高い。また退職した場合に外部株主になってしまうので安定株主として過度に期待できない。

2 会社設立時の資本政策

　会社設立時に株主は誰がなるべきでしょうか？　株主を自分1人だけにすることもできますし，自分以外にも株主になってもらうこともできます。株主は会社のオーナーですから，100％オーナーを目指すことも，1株オーナーになることもできます。

　誰かに株主になってもらうということは，株式を引き受けてくれる人にお金を出してもらうことになります。一方で会社オーナーとしての支配権の一部をその人に渡すことにもなります。お金を出してもらうということは，口を出されることも覚悟しなければなりません。"自己資金では足りない必要資金額"と"経営に口をはさまれること"とのせめぎ合いの中で，株主構成を決めることになります。

　可能な限り創業者は自己資金で株式を多く保有すべきと考えられますが，十分なお金が貯まってから起業するというのも現実には難しい面もあります。

　起業時の開業資金の調達先として自己資金と金融機関以外では，配偶者・親・兄弟・親戚もしくは友人・知人からということになります。

　関係性の強さで考えると通常は配偶者→親→兄弟→親戚→友人・知人になるのではないかと思います。

　配偶者・親・親戚・友人・知人にせよ誰かにお金を出してもらうということは，その人達からの信用を得ている必要があります。

他人に"力になってやろう""助けてやろう""不誠実な行動は取らないだろう"といった信用が必要です。

3 資本政策とゲーム理論

　資本政策の株主構成の問題は，政治の世界における，与党単独政権や連立政権等といった政権の形態に類似します。
　資本政策における与党単独政権とは，経営者が大株主として議決権の過半数を保持して，経営上の様々な意思決定を単独で行うことができるような状況です。
　資本政策における，連立政権とは，単独で議決権の過半数を保持する株主が存在せず，複数の株主で会社の意思決定を行うような状況です。
　ベンチャーキャピタルの出資比率が高まると，連立政権のような状況になります。
　一般にゲーム理論的状況とは，自らの行動に対して相手がおり，その相手の出方を十分考慮した上で自らの行動を決定し，自分の行動と相手の行動が影響しあって1つの結果を生じるような状況です。
　資本政策をうまく進めていくためには，お互いがほどほどのところで妥協し，互いにそこそこの利益をもたらす一定のポイントを探る必要があります。
　特に，ベンチャー企業に対して一番最初に投資したベンチャーキャピタルが，追加増資の際に，新たに出資をするベンチャーキャピタルへの株価にクレームをつけるケースです。既存のベンチャーキャピタルにとっては，投資先が破綻をすることは望みませんが，一方で自らが投資した株価以上の金額で増資に応じて欲しいと望むのです。

	追加増資に応じる	追加増資に応じない
会社の資金繰りへの影響	会社は資金ショートしない。	会社は資金ショート。
ベンチャーキャピタルの投下資本回収への影響	今すぐ，出資した株式が紙切れになるわけではないが，将来の損失額増大の可能性もあり得る。	出資した株式は紙切れになるものの，損切りにより損失額を限定できる可能性もある。

ベンチャーキャピタリストは，上記のマトリックスのような観点で，追加増資に応じるべきかを検討します。

起業家とベンチャーキャピタルとの間で，いかにWIN-WINの関係を構築できるかがポイントです。

4 オーナー一族の持株比率

平成24年度における株式上場事例におけるオーナー一族の持株比率は，以下のとおりでした。

持株比率(%)	JASDAQ				マザーズ				その他新興市場			
	オーナー	持株会社	一族	比率	オーナー	持株会社	一族	比率	オーナー	持株会社	一族	比率
0	1	11	1	7.1%	8	21	8	34.8%	―	2	―	―
0.1～10	1	2	―		―	―	―		―	―	―	
10～20	1	―	―		―	1	―		―	―	―	
20～30	―	―	―		2	1	2	8.7%	―	―	―	
30～40	3	―	1	7.1%	3	―	2	8.7%	―	―	―	
40～50	2	1	3	21.4%	4	―	3	13.0%	―	―	―	

50 ～ 60	3	—	3	21.4%	2	—	2	8.7%	—	—	—
60 ～ 70	1	—	—	—	3	—	4	17.4%	1	—	—
70 ～ 80	2	—	3	21.4%	—	—	—	—	—	1	50.0%
80%以上	—	—	3	21.4%	1	—	2	8.7%	1	1	50.0%
合計	14	14	14	100.0%	23	23	23	100.0%	2	2	100.0%
平均	43.5%	4.2%		60.3%	31.8%	1.6%		34.7%	79.2%	—	80.7%

(注) 1. オーナー等の属性に関しては，一部推定を含んでいます。
　　 2. 平均欄の下段は，持株のない会社を除いた平均値です。
出典；『株式公開白書　平成25年版（平成24年1月～12月）』P68，㈱プロネクサス

平成24年度の株式上場事例によると，株式上場時点における持株比率は40～60％程度が多いといえます。

5 取引先等の協力による安定株主対策

会社の親密な取引先等に株式を保有してもらうのは，資本政策における安定株主対策の常套手段です。

株式公開に先立って資本提携・業務提携を締結することによって，株式上場前の売上に勢いをつけることができる場合があります。

株式上場後に，取引先に対して，株式の一部売却を認めることによって，先方の資金負担や投資メリットにも考慮することが望ましいといえます。

また，上場前に中途半端な取引先と資本提携することによって，株式上場後の資本提携の可能性を制約する可能性もありますので，資本提携に踏み切る前に十分な検討が必要です。

6 ベンチャーキャピタルの出資状況

平成24年度株式上場事例におけるベンチャーキャピタルの出資状況は，

以下のとおりでした。

VC数	JASDAQ 会社数	比率(%)	マザーズ 会社数	比率(%)	その他新興市場 会社数	比率(%)
0	7	50.0%	3	13.0%	—	—
1	—	—	3	13.0%	—	—
2	1	7.1%	—	—	—	—
3	—	—	2	8.7%	1	50%
4	3	21.4%	2	8.7%	—	—
5	—	—	1	4.3%	1	50%
6	—	—	2	8.7%	—	—
7	1	7.1%	2	8.7%	—	—
8	—	—	2	8.7%	—	—
9	1	7.1%	1	4.3%	—	—
10	1	7.1%	1	4.3%	—	—
11	—	—	—	—	—	—
12	—	—	1	4.3%	—	—
13	—	—	1	4.3%	—	—
～24	—	—	1	4.3%	—	—
27	—	—	1	4.3%	—	—
	14	100.0%	23	100.0%	2	100.0%

(注) 1. ベンチャーキャピタルには，投資事業組合を含んでいます。
出典：『株式公開白書 平成25年版（平成24年1月～12月）』P41，㈱プロネクサス

　平成24年度の株式上場事例によると，ベンチャーキャピタルからの出資はJASDAQ 7社，マザーズ20社，その他新興市場2社となっています。

第5章

創業者利潤と資本政策

　創業者利潤とは，会社の創業者が株式上場時または上場後に自社の株式を売却することで得られるキャピタルゲインのことです。

　いったん株式上場してしまうと，経営者が所有する大量の株式を売却することは難しくなります。

　その理由は，以下のとおりです。

- インサイダー取引規制の関係で，会社内部情報を知り得る経営者は，自由には売却できない。
- 大量の株式を市場で売却すると株価が急落してしまう。
- 経営者が自ら株式を売却すると，市場からの信頼を失ってしまう。

　したがって，株式上場時での売出しは，創業者利潤確保の重要な機会となります。

1 創業者利潤を確保する資本政策の立案方法

　創業者利潤を多くするためには，社長が株式上場前に自分の持株比率を可能な限り低下させないことが重要です。

　株式上場時点の売出しによって，いくら儲けたいのか？　を明確にすると，どれだけ自分の持株比率を低下させられるのか，大枠が見えてきます。

　上場会社の社長は，時価総額で数百億円だからといって，いつでも簡単

に自社株式を市場で売れるわけではありません。

2 上場時の売出し

　上場時の売出しは，オーナーが株式市場で持株を売却できる数少ない機会となります。しかし，一方で，売出しによって，オーナーの持株比率が大幅に低下してしまうと，安定株主確保の点で問題が生じてしまいます。
　ちなみに平成24年度株式上場事例における個人の売出しの状況は，以下のとおりでした。

個人の売出し

	役員	役員を除く 特別利害関係者	その他	売出し会社数 合計
JASDAQ	10社	6社	3社	12社
マザーズ	15社	5社	5社	22社
その他新興市場	一社	一社	一社	1社

出典；『株式公開白書　平成25年版（平成24年1月〜12月）』P185,㈱プロネクサス

　役員の売出しはJASDAQ10社，マザーズ15社，その他新興市場0社でした。
　上場時の売出しは，オーナー個人のファイナンシャル・プランニングが重要となります。すなわち，オーナー個人のBSとPLを十分に検討する必要があります。例えば，個人の財産や借金はいくらあるのか？　生活費は毎月いくらかかるのか？　等を十分に検討して，上場時の必要売出し株式数を見積ることが望ましいでしょう。

3 創業者利潤の税金の問題

創業者利潤に関わる税金は譲渡所得課税となります。

株式等の売却による所得金額は，次のように計算します。

売却価額－（取得費＋委託手数料）＝売却による譲渡所得

譲渡所得×税率＝税金

株式の譲渡所得に関する税率は以下のとおりとなっています。

	平成21年1月1日～平成25年12月31日	平成26年1月1日～
上場会社株式等売却 （証券業者を通じた売却）	10% （所得税7％，住民税3％）	20% （所得税15%，住民税5％）
上場会社株式等売却以外	20% （所得税15%，住民税5％）	

(注) 平成25年から平成49年までは，復興特別所得税として各年分の基準所得税額の2.1%を所得税と併せて申告・納付することになっています。

第6章

役員・従業員のインセンティブと資本政策

1 ストックオプションと現物株式の使い分け

　役員・従業員が会社の成長に貢献するように，インセンティブの役割をもつ資本政策を立案することが望ましいでしょう。

　役員・従業員へのインセンティブプランとしては，現物株式付与とストックオプション付与が考えられます。

　従業員には，株式を持たせるべきか？　それともストックオプションを付与した方がいいのでしょうか？

　株式は，オーナー経営者とリスクとリターンを共有できる立場にいて，経営陣の一員という覚悟を持った人に渡すべきでしょう。具体的には，取締役や利益責任を課されている将来の経営幹部候補などが該当します。また，仮に経営陣の一員であったり，将来の経営幹部候補であっても，その人に個人資力がない場合は，現物株よりもストックオプションを付与すべきでしょう。

　リスクとリターンを共有する立場になく，従業員本人もオーナー経営者も現物株式を持たせる気持ちがないのであれば，ストックオプションを付与するべきでしょう。実株の購入は従業員にとって，現金流出負担を伴うためです。ストックオプションは付与時に現金流出を招きません。ストッ

クオプション付与であれば，仮に株式上場を断念したとしても何も得られず，何も失うものはないのです。

　従業員は，一般にリスク負担を嫌いますので，実株を持たせた場合，業績が悪化したときに，社内の雰囲気がおかしくなる場合（従業員が自分の保有する株式が単なる紙切れになってしまうのではないかと仕事が手につかなくなるケースが見受けられます）もあるからです。

2 退職する役員・従業員からの株式買取価格の考え方

　上場株式の株価と異なり，非上場会社の株価は一物一価ではなく，理論的に複数の株価が算定される可能性があります（株価の算定方法には，DCF法，類似会社比準法，純資産法，配当還元法等があります）。

　買い手側は安く買い取りたいでしょうし，売り手側は高く売りたいと考えます。

　買い手が配当還元法に基づく株価で無理やり買い取ろうとする場合，後々のトラブルを招く可能性があります。

　場合によっては裁判に発展することもあります。裁判になると，裁判所選任の鑑定人がDCF法によって株価を算定する場合もあります。

　私見では，1株当たり純資産価額を基準に買取交渉をすすめるのが無難だと思います。

第7章

事業承継・相続対策と資本政策

　株式上場後には自社株式の評価額は飛躍的に高くなってしまいますので，事業承継や相続の支障になる場合があります。

　そこで事業承継・相続を予定しているオーナー会社においては，事業承継・相続対策を念頭においた資本政策を早い段階で立案する必要があるのです。

　事業の後継者に早いタイミングでどれだけ株式を集中できるかが事業承継・相続対策のポイントとなります。上場前の株価の低い段階で，可能な限り，後継者に株式を移転することで，上場後の株価上昇のキャピタルゲインを相続税の対象から外すことが可能になるのです。

　創業社長が100％株式を保有していることは，社長が健在時は経営が安定化しますが，社長が急に亡くなったり引退したりすると，すぐに会社経営が成り立たなくなるリスクもあります。

第2部

資本政策の作成

　資本政策を作成するには，自社の現状を分析し，株式上場に向けて"資本政策の目的"を設定します。
　そして資本政策の目的を追求することと同時に，会社を取り巻く利害関係者の利害調整を図っていくことになります。資本政策における利害調整においては，目的や関係者利害に対して優先順位を明確にしていく必要があります。

第1章

資本政策の作成手順

1 株式の上場時期と上場市場の選定

　株式上場のための準備期間は，少なくとも2年半から3年程度はかかります。また予定する株式上場時期において，利益等の指標も上場申請の形式基準（受付基準）を充足している必要があります。したがって，資本政策を立案する前に，事業計画を作成することになるのです。

　なお2013年度上半期の株式上場実績において，会社設立後，上場するまでの経過年数上位を調べてみました。

上場日	会社名	業種	市場	経過年数
3月14日	オルトプラス	情報通信業	マザーズ	2年10ヵ月
3月22日	ブロードリーフ	情報通信業	東証一部	3年6ヵ月
6月27日	ICDAホールディングス	小売業	ジャスダック	3年8ヵ月
4月25日	オークファン	情報通信業	マザーズ	5年10ヵ月
6月11日	ペプチドリーム	医薬品	マザーズ	6年11ヵ月

　株式上場する市場（ジャスダック，マザーズ等）も現時点において，仮でいいので選定しておきます。上場市場を選定するには，各市場ごとの形

式基準を考慮します。

2 資本政策の政策目標設定

資本政策の目的は，必要資金調達額，創業者の維持すべき持株比率，創業者の期待するキャピタルゲイン確保，役員・従業員へのインセンティブ実現，事業承継・相続対策等，です。

資本政策を作成するには，まず，これらトレードオフな目標の最大公約数的な目標値を設定することから始めます。

例えば，以下のようなものです。

(1) 上場前の必要資金調達額
- サービス立ち上げのためのシステム開発費，開発者や内部管理部門のスタッフ採用のために資金が〇〇千万円程度必要である。
 ⇒増資時に何株を株価いくらで誰に対して発行したらいいのだろうか？

(2) 上場時の必要資金調達額
- サービス強化のためのサーバ設備増設，本社移転に資金を充当したい。上場時に必要な資金は，〇〇億円程度だろう。
 ⇒上場時に何株を株価いくらで公募したらいいのだろうか？

(3) 創業者の維持すべき持株比率
- 可能であれば，3分の2以上の持株比率を維持したいが，少なくとも上場時に持株比率51％は社長個人で確保したい。
 ⇒上場前にどれだけの増資までなら許容されるのだろうか？
 ⇒上場時に社長はいくらまで保有株式を売却できるのだろうか？

(4) 上場前の創業者の手元資金確保

- 役員報酬を引き上げて増資に注ぎ込んだ結果，個人の税負担が大きくなるものの，手元の流動性資金が心もとない。
- 監査法人の監査を受けるようになったので，従来のように自由に交際費を使えなくなったが，取引先や従業員との関係を円滑にするために，ポケットマネーを使っているので，家計が苦しい。
  ⇒上場前に社長はいくらまで保有株式を売却できるのだろうか？
  ⇒誰にいくらの株価で譲渡するべきなのだろうか？

(5) 上場時の創業者の期待するキャピタルゲイン確保

- 上場時の売出しで，○億円のキャピタルゲインを獲得したい。
  ⇒上場時に社長はいくらまで保有株式を売却できるのだろうか？
  ⇒上場時にいくらの株価になるのだろうか？

(6) 役員・従業員へのインセンティブ実現

- 役員には，一戸建住宅購入資金相当のキャピタルゲインが得られるようにしてあげたい。
- 中堅従業員には，マンションの頭金程度のキャピタルゲインが得られるようにしてあげたい。若手社員にも，海外旅行に行ける程度のキャピタルゲインが得られるようにしてあげたい。従業員間で不公平感が出ないようにストックオプションを発行したい。
  ⇒役員・従業員のみんなに満足してもらえるためには，誰に何株をどのタイミングで付与したらいいのだろうか？
  ⇒人事評価制度や賃金規程との関連はどう考えるべきだろうか？
  ⇒現物株式を発行すべきだろうか？　それともストックオプションを付与すべきなのだろうか？

(7) 事業承継・相続対策
- 後継者の息子に，株式上場前の株価が低い段階で，なるべく多くの株式を異動しておきたい。
⇒息子には低い株価で株式譲渡したいが，相続税法等に配慮した株価で異動する必要があるのだろうか？

(8) 株式上場の形式基準
⇒株式市場で求められる市場流動性を確保するために，1株当たりの株価水準はどの程度を目標にすべきだろうか？
　上場審査の段階で流通株式の比率が25％以上になる見込みであること，株主数は300人以上になること（マザーズ形式要件）などを達成できるだろうか？

3 資本政策のゴール設定

　株式上場時期，株主構成，資金計画，IPO時の発行済株式総数，安定株主比率，創業者のキャピタルゲイン等の目標を設定します。
　資本政策の目標は，しばしばトレードオフ関係になりますので，優先順位を考えた最適な目標設定が必要です。

4 資本政策の目標をエクセルシートに落とし込む

　資本政策の目標が決まると，"現状の資本構成"からゴールである"株式上場時の資本構成"への推移を数値に落とし込みます。
　具体的にはエクセル等の表計算ソフトを使用して，上場までの各種数値の推移を記入します。資本政策のエクセルシートは，時の経過に応じて左から右に流れていきます。なお，本設例は潜在株式を考慮していないパタ

ーンです。以下に簡単な設例で資本政策のイメージを説明します。

資本政策のイメージ

	13年 (現状の資本構成)		増資	14年		40分割	15年		公募	16年 (株式上場時の資本構成)	
	株数	比率	株数	株数	比率	株数	株数	比率	株数	株数	比率
経営者	1,000	100%		1,000	67%	39,000	40,000	67%		40,000	57%
VC	0	0%	500	500	33%	19,500	20,000	33%		20,000	29%
投資家									10,000	10,000	14%
合計	1,000	100%	500	1,500	100%	58,500	60,000	100%	10,000	70,000	100%
株価(円)	5万		20万						10万		

上場時予想当期純利益	2億1千万円
参考類似企業予想PER	25倍

(1) 発行済株式数の予測

　具体的には、1株当たり当期純利益を求めるには、上場時点の発行済株式総数（潜在株式数含む）を試算するために、目標安定株主比率が維持できるような資金計画を立案することになります。

　上記の資本政策イメージ図では、発行済株式総数は70,000株です。

(2) 1株当たり当期純利益の試算

　上場時の1株当たり当期純利益（EPS）より上場時の株価を試算します。

　1株当たり当期純利益を求めるには、「上場申請期の事業計画の予想当期純利益」（上場1年目の予想当期純利益）を「上場後の発行済株式総数」（潜在株式を含む）で除して算定します。

| 上場1年目の予想当期純利益÷上場後発行済株式総数＝1株当たり当期純利益（EPS） |

上記の資本政策イメージ図では，2億1千万円÷70,000株＝3,000円となります。

(3) 公募価格（上場時の株価）の試算

1株当たり当期純利益に類似上場会社のPER（株価収益率）を乗じて，公募価格を試算します。

資本政策立案においては，公募価格は類似上場会社のPERに基づいて算定されるのが通常です。

| 株価＝1株当たり当期純利益（EPS）×PER |

上記の資本政策イメージ図では，3,000円×25倍＝75,000円となります。なお公募価格は50万円未満が望ましいとされます。

(4) 時価総額の試算

| 公募価格×上場後の発行済株式数＝上場時の時価総額 |

上場の形式基準（例；マザーズであれば10億円以上等）を充足している必要があります。

(5) 目標資本構成と現状の資本構成とのギャップを認識

目標とする資本構成と現状の資本構成とのギャップを認識します。

(6) 資本政策の手段の実行

具体的な資本政策の手段を講じます。例えば，増資の場合，事前に作成

した資金計画に基づき，各増資ラウンドの資金調達額と新株発行数をエクセルに落とし込んでいきます。

5 資本政策は状況の変化に応じて作り直すもの

　資本政策は，一度作成したら終わりというものではなく，会社の状況変化に応じて，タイムリーに作り直していく必要があります。

　例えば，事業計画の目標利益が当初想定したものよりも下回った結果，資金繰りが悪化した場合，資本政策で想定していた以上の，上場前の増資が必要になってくることがあります。

資本政策とPDCAサイクル

```
┌─────────────────────────────┐
│      資本政策の目標設定        │
└─────────────────────────────┘
              ⇩
┌─────────────────────────────┐
│ 資本政策の具体的手段実行→増資，│
│ 株式譲渡，ストックオプション発行│
└─────────────────────────────┘
              ⇩
┌─────────────────────────────┐
│ 業績が目標に未達で，資金繰りが  │
│ 予想以上に悪化                 │
└─────────────────────────────┘
              ⇩
┌─────────────────────────────┐
│ 株式上場前での資金調達を増やす  │
│ 必要性が高まる                 │
└─────────────────────────────┘
              ⇩
┌─────────────────────────────┐
│     社長の持株比率が低下       │
└─────────────────────────────┘
              ⇩
┌─────────────────────────────┐
│      資本政策の見直し          │
└─────────────────────────────┘
```
（ループして資本政策の目標設定に戻る）

第2章

財務指標と株式上場の関係

最近の上場事例における各市場別の財務指標をご紹介します。

1 売上高の規模別状況

平成24年度株式上場事例における各市場別の売上高の規模別状況は、以下のとおりでした。

10億円以下の売上高でも株式上場できることが見て取れます。

売上高（億円）	JASDAQ		マザーズ		その他新興市場	
	会社数	比率	会社数	比率	会社数	比率
1 ～ 10	—	—	3	13.0%	2	100.0%
10 ～ 50	6	42.8%	15	65.0%	—	—
50 ～ 100	4	28.6%	2	8.7%	—	—
100 ～ 200	3	17.9%	3	13.0%	—	—
200億円以上	1	7.1%	—	—	—	—
合計	14	100.0%	23	100.0%	2	100.0%
平均	14,924百万円		3,805百万円		697百万円	

出典：『株式公開白書　平成25年版（平成24年1月～12月）』P131，㈱プロネクサス

2 経常利益の規模別状況

平成24年度株式上場事例における各市場別の経常利益の規模別状況は，以下のとおりでした。

将来の成長性を評価された会社（例，バイオ産業等）であれば，経常損失で株式公開しているケースもあります。ちなみにライフネット生命保険㈱は△820百万円の経常損失です。

経常利益（億円）	JASDAQ		マザーズ		その他新興市場	
	会社数	比率	会社数	比率	会社数	比率
経常損失	―	―	3	0.0%	―	―
0 ～ 1	―	―	―	―	2	100.0%
1 ～ 5	9	64.2%	15	65.0%	―	―
5 ～ 10	3	21.4%	5	21.7%	―	―
10 ～	2	14.3%	―	―	―	―
合計	14	100.0%	23	100.0%	2	100.0%
平均	695百万円		208百万円		74百万円	

出典；『株式公開白書　平成25年版（平成24年1月～12月）』P133，㈱プロネクサス

3 当期純利益の規模別状況

平成24年度株式上場事例における各市場別の当期利益の規模別状況は，以下のとおりでした。

株式上場事例から読み取れることは，1億円程度の当期純利益は確保することが望まれるということです。

ちなみに，ライフネット生命保険㈱は△834百万円の当期純損失です。

当期純利益(億円)	JASDAQ		マザーズ		その他新興市場	
	会社数	比率	会社数	比率	会社数	比率
当期純損失	—	—	3	13.0%	—	—
0 〜 1	2	14.3%	4	17.4%	2	100.0%
1 〜 5	9	64.2%	16	69.6%	—	—
5 〜 10	2	14.3%	—	—	—	—
10 〜	1	7.1%	—	—	—	—
合計	14	100.0%	23	100.0%	2	100.0%
平均	350百万円		109百万円		50百万円	

出典；『株式公開白書 平成25年版（平成24年1月〜12月）』P137, ㈱プロネクサス

第3章

資本政策の規制

　未上場会社が1億円以上の資金調達をしたり，50人以上の株主から資金調達する場合は，法律違反を犯していないか要注意です。場合によっては，将来の株式上場を頓挫させる危険性があるので，細心の注意を払う必要があります。

1 金融商品取引法による届出と増資

　増資に際して，一定の場合，金融商品取引法に基づく有価証券届出書や有価証券通知書を提出しなければならない場合がありますので留意する必要があります。

　未上場会社における取扱いは以下のとおりです。

勧誘人数	発行価額の総額が1億円以上	発行価額の総額が1億円未満
50名未満	届出不要	届出不要
50名以上	有価証券届出書	有価証券通知書

2 通算規定

なお，以下のとおり金額または人数の通算により有価証券届出書の提出が必要となる場合もありますので，注意する必要があります。

(1) 金額通算規定

今回の有価証券の募集（売出し）を開始する日前1年以内に同一の種類の有価証券の募集（売出し）をしている場合で，発行（売出）価額の総額を通算して1億円以上となるときは有価証券届出書が必要

(2) 人数通算規定

今回の有価証券の発行日以前6ヵ月以内に同一種類の有価証券を発行している場合で，勧誘の相手方の人数（延べ人数）を通算して50名以上となり，かつ，発行価額の総額を通算して1億円以上となるときは有価証券届出書が必要（有価証券が法2条2項各号に掲げる権利（みなし有価証券）である場合を除く）

> 募　集……50名以上の者を相手方として，新たに発行される有価証券の取得の申込みの勧誘を行う場合
> 売出し……50名以上の者を相手方として，均一の条件で，既に発行された有価証券の売付けの申込みまたはその買付けの申込みの勧誘を行う場合

第4章

資本政策作成で留意すべき株式上場基準

　株式上場基準とは，各市場ごとの株券上場審査基準等に定める株式を上場するにあたり必要となる一定の基準のことです。上場審査基準には，株主数，上場時価総額，純資産の額，監査意見等があり，上場するためにはこれらの基準を全て満たさなくてはなりません。

1 マザーズ形式基準

　マザーズには，4つの特徴があります。すなわち(1)成長性，(2)流動性，(3)迅速性，(4)透明性です。

(1) 成長性

　マザーズは，高い成長可能性を有していると認められる企業を上場対象としています。したがって，業種に関係なく，優れた技術やノウハウを持ち，成長の可能性が認められる全ての企業はマザーズの上場対象会社ということになります。マザーズにおいては，将来成長が期待されるベンチャー企業に対して早期の資金調達の機会を提供するという観点から，「利益などの財務数値」に関する基準は設けていません。

(2) 流動性

マザーズは，上場後流動性を確保する観点から，以下の3つの基準を設けています。

① 上場申請日から上場日の前日までの期間に1,000単位以上の公募または公募および売出しを行うこと。ただし，<u>最低500単位以上の公募</u>を行うことが必要です。

② 上場に際して実施される公募または公募および売出しにより，特別利害関係者を除く1単位以上の株式を保有する<u>株主を新たに300人以上作る見込みがある</u>こと。

③ 上場日における<u>時価総額が10億円以上</u>となる見込みのあること。

上場日における時価総額が10億円以上ということは，たしかにマザーズは「利益などの財務数値」に関する基準は設けていないのですが，現実問題として一定の利益は要求されることに留意する必要があります。

すなわち，以下の数式が成立します。

PERが10倍であれば，当期純利益は1億円以上必要になります。

PERが20倍であれば，当期純利益は5,000万円以上必要になります。

(3) 迅速性

上場審査は，約1ヵ月半程度を目安として実施されています。また「上場申請のための有価証券報告書（Ⅱの部）」の提出が求められていません。

(4) 透明性

① 四半期業績の公表

事業計画が予定通り進捗しているかについて，タイムリーに投資者がチェックできるよう，四半期（第1および第3四半期）の業績の開示を東証の規則により義務づけています。

② 会社説明会の開催

年に2回以上，投資に関する説明会を行うことが義務づけられています。
マザーズの形式基準の概要を表にしてまとめて示すと次のとおりです。

	有価証券上場規程 （マザーズ形式要件）
⑴ 株主数（上場時）	300人以上 （上場時までに500単位以上の公募を行うこと）
⑵ 流通株式 （上場時見込み）	a． 流通株式数　2,000単位以上 b． 流通株式時価総額　5億円以上（原則として上場に係る公募等の見込み価格等に，上場時において見込まれる流通株式数を乗じて得た額） c． 流通株式数　上場株券等の25％以上
⑶ 上場時価総額 （上場時見込み）	10億円以上（原則として上場に係る公募等の見込み価格等に，上場時において見込まれる上場株式数を乗じて得た額）
⑷ 取締役会の設置	新規上場申請日から起算して，1年前以前から取締役会を設置して継続的に事業活動をしていること（設立時に取締役会を設置していない会社は，速やかに設立する必要があります）。
⑸ 純資産の額 （申請直前期末）	―
⑹ 利益の額または時価総額 （利益の額については，連結経常利益金額または連結税金等調整前当期純利益金額のいずれか低い額）	―
⑺ 監査意見	対象年度は2事業年度。 虚偽記載なし，かついずれも適正意見であり直前期は無限定適正意見であること。
⑻ 株式事務代行機関の設置	東証の承認する株式事務代行機関に委託しているか，または当該株式事務代行機関から株式事務を受託する旨の内諾

		を得ていること
(9)	株券の様式	東証の定める様式に適合しているか，またはその旨が取締役会において決議済みであること
(10)	株式の譲渡制限	上場申請に係る株式の譲渡につき，原則として制限がないこと
(11)	指定保管振替機関における取扱いに係る同意	指定保管振替機関（株式会社証券保管振替機構）における株券等の取扱いに同意または同意する見込みがあること

http://www.tse.or.jp/rules/listing/stlisting_mo.html

マザーズの形式基準には，利益基準が設けられていないという特徴があります。

2 ジャスダック形式基準

ジャスダックの形式基準（スタンダード）の内容を表にして示すと，次頁のとおりです。

株式数や上場時価総額はマザーズと同様の基準です。

一方，利益の額について原則的に経常利益1億円以上が求められている点と純資産額が2億円以上であることが求められている点で，マザーズと対照的です。また「上場申請のための報告書」（通称，Ⅱの部）の作成が求められる点も，マザーズとの違いです。他の新興市場と比較しますと，上場のハードルは高いといえます。

項　目	内　容
株主数	300人以上
上場時価総額	自己株式を除き，上場日において10億円以上（見込み）。
利益の額	直前事業年度において当期純利益1億円以上が計上されていること。ただし，上場日における上場時価総額が50億円以上（見込み）である場合には，当期純利益金額および経常利益金額は問わない（赤字も可）。
純資産の額	直前事業年度末において2億円以上。
監査意見等	対象年度は2事業年度。 かつ直前期が無限定適正意見であること。
取締役会の設置	上場申請日から起算して1ヵ年以前から取締役会（協同組合組織金融機関である場合には，これに相当する機関）を設置していること。
その他	株式事務代行機関の設置，株券の様式，株式の譲渡制限，指定保管振替機関における取扱いに係る同意。

第5章

資本政策作成の具体的手法

1 増 資

1. 株主割当増資

株主割当増資は，募集株式の募集において既存株主に対して，その持株比率に応じて新株式を割り当てる手法です。主に資本政策の初期段階で活用されます。

株主割当増資は，払込金額に制約がなく通常は少額となるため，比較的株主の資金負担が少なく，資金調達額も少なくなる傾向があります。

株主割当増資は，個々の株主の資金的余裕を考慮せずに，一律に持株比率に応じた新株割当てを行うので，既存株主の一部から賛成を得られない場合があります。

株主割当増資は，既存株主の持株比率を維持しつつ，発行済株式数増加や自己資本増加を図りたいときに活用されます。

例えば，資本金1,000万円（発行済株式総数200株）で，社長が180株，取締役Aが20株を保有している会社が，株主割当てで100株を2万円で発行する場合を想定します。会社は200万円の資金を調達することになります。

株数と持株比率は以下のとおりとなります。

	株主割当増資前		株主割当増資後	
	株数	持株比率	株数	持株比率
社長	180株	90%	270株	90%
取締役A	20株	10%	30株	10%
	200株	100%	300株	100%

株主割当増資のポイント

① 株主構成を一定のまま，発行済株式総数が増加する。
② 株式の発行限度額は定款で定められた授権株式数の範囲内となる。
③ 基本的に，課税上の問題は生じない。

2. 株主割当増資のフローチャート

株主割当増資手続のフローチャートは以下のとおりです。

募集事項を株主総会特別決議
（取締役会設置会社では取締役会に委任可能）

⇩

金融機関に対する申込み・払込取扱いの委託

⇩

募集事項の株主への通知（株式が割当てを受ける募集株式数および申込期日等を申込期日の2週間前までに通知）

⇩

募集株式の申込期日

⇩

出資全額の払込み（払込期日・払込期間内に行う）

⇩

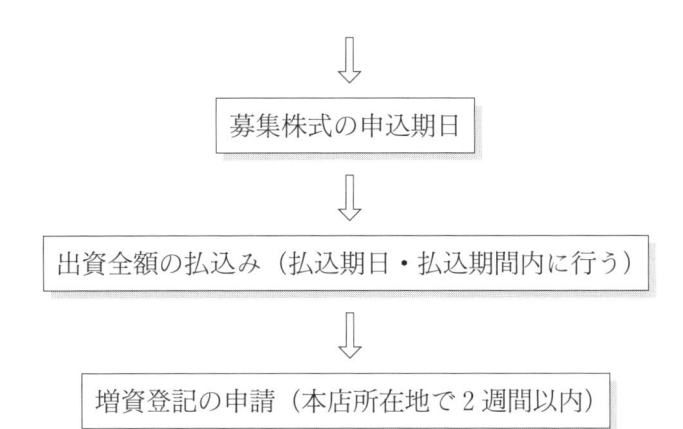

増資登記の申請（本店所在地で2週間以内）

3. 株主割当増資の株主総会議事録（非上場会社）

(1) 株主総会議事録の記載例

　非上場会社が株主に対して株主総会で募集事項を決議する場合の臨時株主総会議事録は以下のとおりとなります。

臨時株主総会議事録

1. 日　　時：平成〇年〇月〇日
　　　午前〇時〇分から午前〇時〇分
2. 場　　所：当会社本店会議室
3. 出 席 者：発行済株式総数　　　〇〇〇株
　　　議決権を行使することができる株主数　　〇名
　　　議決権数　　　　　　　　　〇〇〇個
　　　本日出席株主数（委任状出席者を含む）　〇名
　　　出席株主の議決権の数　　　　〇〇〇個
4. 議　　長：代表取締役　　〇〇　〇〇

5. 出席役員：取締役　　○○　○○
　　　　　　　取締役　　○○　○○
　　　　　　　取締役　　○○　○○
　　　　　　　監査役　　○○　○○

　上記のとおり定足数に足る株主の出席があったので，本総会は適法に成立した。よって代表取締役○○　○○は議長となり，開会を宣し，議事に入った。

議案　株主割当てによる募集株式発行の件

　議長は，資本充実の必要性を説明し，下記のとおり株主割当増資をしたい旨を述べ，その理由を詳細に説明した。
　議長がその賛否を諮ったところ，満場一致をもってこれに賛成した。
記

1. 発行する募集株式数　普通株式　　○○株
2. 割当方法　　下記申込期日までに申込みをした当会社の株主にその持株○株に対して1株の割合で募集株式の割当てを受ける権利を与える。
3. 募集株式の発行価額　　1株につき金○万円
4. 申込期間　　平成○年○月○日から平成○年○月○日まで
5. 払込期日　　平成○年○月○日
6. 払込みを取り扱う金融機関およびその取扱場所
　東京都○○区○○○丁目○番○号
　○○銀行　　○○支店　普通預金口座　　○○○
7. 増加する資本金の額　　金○○○万円
8. 増加する資本準備金の額　　金○○○万円

　以上をもって本日の議事が終了したので，議長は閉会を宣言した。
　上記決議を明確にするため，この議事録を作成し，議長および出席取締役は次に記名押印する。

平成○年○月○日

株式会社○○○臨時株主総会

議長・代表取締役　○○　○○　㊞

出席取締役　○○　○○　㊞

出席取締役　○○　○○　㊞

出席取締役　○○　○○　㊞

出席監査役　○○　○○　㊞

⑵　取締役会議事録の記載例

　非上場会社が取締役会で募集事項を決議する場合の株主割当増資に関する取締役会議事録は以下のとおりです。

取締役会議事録

　平成○年○月○日午前○時○分，当会社本店会議室において，取締役会を開催した。

　　　取締役総数　　　　　　○名
　　　出席取締役数　　　　　○名
　　　監査役総数　　　　　　○名
　　　出席監査役数　　　　　○名

　上記のとおりの出席があったので，本取締役会は適法に成立した。代表取締役社長○○○○は選ばれて議長となり，開会を宣言し，直ちに議事に入った。

議案　募集株式発行の件

　議長は，当社の資本充実のため，下記のとおり株主に株式の割当てを受ける権利を与えたい旨を述べ，その理由を詳細に説明した。

　議長がその賛否を諮った結果，全員一致をもって，これを承認可決した。

よって議長は，下記のとおり可決された旨を宣した。

記

1. 募集株式数　　普通株式　　○○株
1. 割当方法
　　　下記申込期日までに申込みをした当会社の株主にその持株○株に対して○株の割合で募集株式の割当てを受ける権利を与える。
1. 募集株式の発行価額　　1株につき金○万円
　　　1株につき金○万円とし，払込期日に募集株式払込金に振替充当する。ただし，申込証拠金には利息をつけない。
1. 申込期間　　平成○年○月○日から平成○年○月○日まで
1. 払込期日　　平成○年○月○日
1. 募集株式の払込みを取り扱う金融機関
　　（取扱場所）　東京都○○区○○○丁目○番○号
　　（名　　称）　○○銀行　○○支店　普通預金口座　○○○○○
1. 増加する資本金の額　　金○○○万円
1. 増加する資本準備金の額　　金○○○万円
　　平成○年○月○日
　　株式会社○○取締役会

　以上をもって本日の議事を終了したので，議長は午前○○時○○分閉会を宣言した。
　上記決議を明確にするため，この本議事録を作成し，出席取締役および出席監査役は次に記名・押印する。

平成○年○月○日
株式会社○○　取締役会
議長代表取締役　　○○　○○　㊞
出席取締役　　○○　○○　㊞
出席取締役　　○○　○○　㊞

4. 第三者割当増資

第三者割当増資は，既存株主に株式を割り当てる権利を一律に与えずに，特定の第三者に対して時価で新株式を割り当てる方法です。特定の第三者とは，役員，従業員，取引先，ベンチャーキャピタル等です。通常，ベンチャー企業の資金調達手段として最もよく利用されるのが，第三者割当増資です。

第三者割当増資には，資金調達手段としての機能と持株比率変更手段としての機能があります。

例えば，資本金1,000万円（発行済株式総数200株）で，社長が全株の200株を保有している会社が，第三者に50株を40万円で発行する場合を想定します。

会社は2,000万円の資金を調達することになります。

株数と持株比率は以下のように変化します。

	第三者割当増資前		第三者割当増資後	
	株数	持株比率	株数	持株比率
社長	200株	100%	200株	80%
第三者	0株	0%	50株	20%
	200株	100%	250株	100%

(第三者割当増資のポイント)

① 株主構成が変化し，発行済株式総数も増加する。
② 株式の発行限度額は定款で定められた授権株式数の範囲内となる。
③ 発行価格によっては，課税上の問題が生じる場合がある。

5. 第三者割当増資のフローチャート

　非上場会社においては，募集事項の決定を原則として株主総会の特別決議で行います。第三者割当増資手続のフローチャートは以下のとおりとなります。

```
┌─────────────────────────────────────────────────┐
│ 株主総会特別決議（取締役会設置会社では取締役会に委任可能） │
└─────────────────────────────────────────────────┘
                         ⇩
      ┌──────────────────────────────────┐
      │ 申込みをしようとする者へ募集事項を通知 │
      └──────────────────────────────────┘
                         ⇩
      ┌──────────────────────────────────┐
      │ 金融機関に対する申込み・払込取扱いの委託 │
      └──────────────────────────────────┘
                         ⇩
      ┌──────────────────────────────────┐
      │ 申込みをしようとする者は株主申込証を会社に送付 │
      └──────────────────────────────────┘
                         ⇩
      ┌──────────────────────────────────┐
      │ 会社は募集株式の割当者・割当数を決定 │
      └──────────────────────────────────┘
                         ⇩
┌─────────────────────────────────────────────────┐
│ 会社は申込者に割り当てる募集株式の数を払込期日・払込期間初日の前 │
│ 日までに通知（株式譲渡制限会社では通知不要）                │
└─────────────────────────────────────────────────┘
                         ⇩
      ┌──────────────────────────────────────┐
      │ 払込期日・払込期間　払込期間内に出資全額の払込み │
      └──────────────────────────────────────┘
```

第5章　資本政策作成の具体的手法　93

⇩

```
増資登記の申請（本店所在地において2週間以内）
```

6. 第三者割当増資の株主総会議事録

(1) 株主総会議事録の記載例

　非上場会社が，第三者割当増資に関する募集事項を株主総会で決議した場合の臨時株主総会議事録の記載例は以下のとおりとなります。

臨時株主総会議事録

1. 日　　時：平成○年○月○日
　　　午前○時○分から午前○時○分
2. 場　　所：当会社本店会議室
3. 出 席 者：発行済株式総数　　　　　○株
　　　議決権のある株主総数　　　　○名
　　　この議決権数　　　　　　　　○個
　　　出席株主数（委任状出席者を含む）　○名
　　　この議決権数　　　　　　　　○個
4. 議　　長：代表取締役　　○○　○○
5. 出席役員：取　締　役　　○○　○○
　　　　　　取　締　役　　○○　○○
　　　　　　取　締　役　　○○　○○
　　　　　　監　査　役　　○○　○○
6. 会議の目的事項並びに議事の経過の要領および結果：
　　　代表取締役○○○○は議長となり開会を宣言し，上記のとおり定足数に足る株主の出席があったので，本総会は適法に成立した旨を述べ，議案の審議

に入った。

議案　第三者割当てにより募集株式発行の件

　議長から，下記要領により募集株式の発行をしたい旨および募集理由について説明があった後，その可否を議場に諮ったところ全員一致にてこれを承認可決した。

　よって，議長は，下記のとおり可決された旨を宣言した。

記

1. 募集株式数　　普通株式　〇〇株
2. 割当方法　　第三者割当て
3. 募集株式の発行価額　1株につき金〇〇万円
4. 申込期間　　平成〇年〇月〇日から
　　　　　　　　平成〇年〇月〇日まで
5. 払込期日　　平成〇年〇月〇日
6. 増加する資本金の額　　金〇〇万円
7. 増加する資本準備金の額　　金〇〇万円

　以上にて本日の議事を終了し，議長は閉会を宣言した。
　上記決議を明確にするため，本議事録を作成し，議事録作成者は記名押印する。

平成〇年〇月〇日
株式会社〇〇〇臨時株主総会
議長　代表取締役　〇〇　〇〇　㊞
　　　出席取締役　〇〇　〇〇　㊞
　　　出席取締役　〇〇　〇〇　㊞
　　　出席取締役　〇〇　〇〇　㊞
　　　出席監査役　〇〇　〇〇　㊞

(2) 取締役会議事録の記載例

非上場会社が取締役会で募集事項を決議する場合の第三者割当増資に関する取締役会議事録は以下のとおりです。

取締役会議事録

平成○年○月○日午前○○時○○分，当会社本店会議室において，取締役会を開催した。

定刻に，代表取締役○○○○が議長席につき，開会を宣し，次のとおり定足数に足る取締役の出席があったので，本取締役会は適法に成立した旨を告げた。

 取　締　役　総　数　　　　3名
 本日の出席取締役数　　　　3名

議案　募集株式発行の件

議長は，資本充実のために，下記のとおり募集株式の募集をしたい旨を述べ，その理由を詳細に説明した。

議長がその賛否を諮ったところ，満場一致をもってこれに賛成した。

よって議長は，下記のとおり可決された旨を宣した。

記

1．募集株式数　　普通株式　　○○株
2．募集株式の割当方法
　　　第三者割当増資
3．割当先および割当株式数
　　　株式会社○○　　○○株
　　　株式会社○○　　○○株
4．募集株式の発行価額　　1株につき金○万円
　　　1株につき金○万円とし，払込期日に募集株式払込金に振替充当する。

ただし，申込証拠金には利息をつけない。
5．申込期間　　平成○年○月○日から平成○年○月○日まで
6．払込期日　　平成○年○月○日
7．募集株式の払込みを取り扱う金融機関
　　（取扱場所）　東京都○○区○○○丁目○番○号
　　（名　　称）　○○銀行　○○支店　普通預金口座　○○○○○
8．増加する資本金の額　　金○○○万円
9．増加する資本準備金の額　　金○○○万円
　　平成○年○月○日
　　株式会社○○取締役会

　　以上をもって本日の議事を終了したので，議長は午前○○時○○分閉会を宣言した。
　　上記決議を明確にするため，この本議事録を作成し，出席取締役および出席監査役は次に記名・押印する。

　　　　　　　　　　　　　　平成○年○月○日
　　　　　　　　　　　　　　株式会社○○　取締役会
　　　　　　　　　　　　　　議長代表取締役　　○○　○○　㊞
　　　　　　　　　　　　　　　出席取締役　　　○○　○○　㊞
　　　　　　　　　　　　　　　出席取締役　　　○○　○○　㊞

7．発行可能株式総数増加変更の株主総会議事録

　募集株式発行（旧商法の新株式発行）は，発行可能株式総数（授権資本）の限度枠を超えて行うことはできません。超過する場合は定款変更が必要です。
　株式譲渡制限のない公開会社では，発行可能株式総数は発行済株式数の4倍を超えることができません。一方，株式譲渡制限会社である非上場会社では，発行可能株式総数は発行済株式数の何倍でも構いません（2倍で

も10倍でも構いません)。

臨時株主総会議事録

1. 日時：平成○年○月○日
   午前○○時○○分から午前○○時○○分
2. 場所：当会社本店会議室
3. 出席者：発行済株式総数　　　○○株
   この議決権のある株主総数　　○○名
   この議決権数　　　　　　　　○○個
   本日出席株主数（委任状出席者を含む）　○○名
   この議決権の個数　　　　　　○○個
4. 議長：代表取締役　　○○　○○
5. 出席役員：取締役　　○○　○○，取締役　　○○　○○，監査役○○　○○
6. 会議の目的事項ならびに議事の経過の要領および結果：

　代表取締役○○　○○は議長となり開会を宣言し，上記のとおり定足数に足る株主の出席があったので，本総会は適法に成立した旨を述べ，直ちに議事に入った。

議案　定款一部変更の件

　議長から，当会社の定款には発行可能株式総数が○○株となっているが，今後の募集株式の発行に備え，これを○○株に増加するために定款第○○条を下記のように変更したい旨の発言があり，変更する理由の説明があった後，その賛否を諮ったところ，全員一致をもってこれを承認可決した。

　よって議長は次のとおり変更することに可決された旨を宣した。
(発行可能株式総数)
第○○条　当会社の発行可能株式総数は，○○株とする。

以上をもって本日の議事を終了したので，議長は閉会を宣言し，午前○○時○○分に散会した。

　上記決議を明確にするため，この議事録を作成し，議事録作成者が次に記名・押印する。

平成○年○月○日
株式会社○○臨時株主総会
議長　代表取締役　○○　○○　㊞
　　　出席取締役　○○　○○　㊞
　　　出席取締役　○○　○○　㊞
　　　出席監査役　○○　○○　㊞

8．増資の会計

　資本金の額は，株式引受人が発行会社に対して払込み等をした財産の額となります。払込みまたは給付に係る額の2分の1を超過しない額は，資本金として計上しないことができますが，資本金として計上しないこととした額は，資本準備金に計上することになります。資本準備金は，貸借対照表純資産の部の株主資本の部，資本剰余金の区分に資本準備金として表示します。

　増資登記に伴う登録免許税は，資本金の額の1,000分の7（15万円に満たないときは，申請件数1件につき15万円）であるため，登録免許税節約の観点からは，払込み等に係る額の2分の1を超過しない額は，資本準備金に計上するケースが多いです。

　新株発行に係る株式交付費（株券印刷費，増資登記に係る登録免許税等）は，原則的には支出年度に営業外費用処理しますが，企業規模拡大のためにする資金調達などの財務活動に係る株式交付費については繰延資産に計上することも認められています。

(1) 金銭出資の会計処理の例

> 第三者割当増資により，払込期日に10,000千円の払込みを受け，5,000千円を資本準備金として積み立てた。なお新株を発行するため株券印刷費324千円を小切手で支払った。

【会計処理】

　　(借) 別 段 預 金 10,000,000 　　(貸) 資　　本　　金 5,000,000
　　　　　　　　　　　　　　　　　　　　　　　資 本 準 備 金 5,000,000
　　(借) 株 式 交 付 費 　 300,000 　　(貸) 普 通 預 金 　 324,000
　　　　仮 払 消 費 税 等 　 24,000

(2) 現物出資の会計処理の例

> 出資者が制作したソフトウェア（時価10,000千円）を受入資産として，現物出資を行った。発行価額の2分の1は資本に組み入れないこととする。1株当たり払込金額は5万円で発行株式は200株である。

【会計処理】

　　(借) ソフトウェア 10,000,000 　　(貸) 資　　本　　金 5,000,000
　　　　　　　　　　　　　　　　　　　　　　　資 本 準 備 金 5,000,000

　現物出資は，以下の条件を満たす場合を除き，裁判所の選任した検査役の調査が必要となります。
① 現物出資者に割り当てる株式総数が発行済株式総数の10分の1を超えない場合。
② 現物出資財産の価額の総額が500万円を超えない場合。
③ 現物出資財産が市場性ある有価証券のとき現物出資対象となる財産の価額が有価証券の市場価格として法務省令で定める方法により算定され

るものを超えない場合。
④　現物出資財産価額が相当であることについて，弁護士，弁護士法人，公認会計士，監査法人，税理士または税理士法人の証明を受けた場合。
⑤　現物出資財産が株式会社に対する金銭債権であって，金銭債権について募集事項として定められた金額が負債の帳簿価額を超えない場合。

9. 増資の税務

　第三者割当増資の場合，株式の発行価額が時価とはいえない場合，課税上の問題が生じます。

　ここでのポイントは，会社とその第三者の"利害が対立"しているかということです。すなわち，社長に増資するのと，ベンチャーキャピタルに増資するのでは，税務上の取扱いが異なるのです。

　利害が対立する者同士の増資株価については，当事者間で合意した株価について，税務上，妥当な時価かどうかという問題は生じません。

　一方，利害が対立しない者同士の増資株価については，税務上，妥当な株価がどうかということを慎重に検討する必要があります。

　税法の定める価額より低い価額（時価より10％以上ディスカウントしているか）で第三者割当増資を引き受けた株主には，特に有利な価額で新株発行が行われたことによるプレミアム部分が，株主間で異動するので課税問題が発生するのです。

　法人株主の場合，法人税が課税されます。

　また，個人株主の場合，発行価額と時価との差額部分が経済的利益として，贈与税（同族株主）か所得税（役員，従業員等）が課税されます。

　なお，株式の発行会社には課税問題は生じません。

低額増資と課税区分

新株主	新株付与目的	同族・非同族の区分	旧株主と新株主の関係	課税区分
個人	給与または退職手当に相当	同族・非同族会社とも		給与所得 退職所得 所得税
個人	上記以外	非同族会社	親族間・非親族間とも	一時所得 所得税
個人	上記以外	同族会社	非親族間	一時所得 所得税
個人	上記以外	同族会社	親族間	贈与税
法人				受贈益 法人税

10. 新株引受依頼状

　第三者割当増資に先立ち，縁故者や取引先等に新株引受けをお願いする際の書式です。新株引受依頼状は，法定の書類ではなく，儀礼的な書類です。しかしながら，縁故者や取引先に快く新株を引き受けてもらうためには，新株引受依頼状を作成しておいた方が望ましいでしょう。場合によっては財務諸表や事業計画書の添付も要求されるかもしれません。

新株引受依頼状

　〇〇〇〇　様
　拝啓
　貴社（貴殿）ますますご盛栄のこととお喜び申し上げます。平素は格別のご高配を賜り，厚くお礼申し上げます。
　日頃より弊社の事業経営に対しまして，ご理解，ご支援を賜りまして誠にありがとうございます。
　さて，この度弊社では，自己資本の充実を図るため，別紙新株発行要領の

とおり，第三者割当増資を行うことといたしました。
　つきましては，日頃から当社の事業経営に深いご理解を賜っております貴社（貴殿）に是非とも安定株主としてご出資いただき，今後一層のご支援を賜りますようご依頼申し上げる次第でございます。
　新株発行により得た資金につきましては，有効に活用させていただくことを確約いたします。
　何卒よろしくご高承のうえお引受賜りたくお願い申し上げます。
　以上略儀ながら書中をもってご依頼申し上げます。敬具

　　　　　　　　　　　　　　　　　　　平成〇年〇月〇日
　　　　　　　　　　　　　　　　　　　〇〇〇〇株式会社
　　　　　　　　　　　　　　　　　　　代表取締役　〇〇〇〇

新株発行要領

1　発行要領
　(1)　発行新株式数　　　普通株式　〇〇〇株
　(2)　発行価額　　　　　1株につき　金〇〇円
　(3)　発行価額中資本に　1株につき　金〇〇円
　　　 組み入れない額
　(4)　申込証拠金　　　　1株につき金〇〇〇円とし，払込期日に新株式払込金に振替充当する。ただし，申込証拠金には利息をつけない。
　(5)　申込期間　　　　　平成〇〇年〇月〇日（〇曜日）から
　　　　　　　　　　　　 平成〇〇年〇月〇日（〇曜日）まで
　(6)　払込期日　　　　　平成〇〇年〇月〇日（〇曜日）
　(7)　割当方法　　　　　発行する株式を次のとおりに割り当てる。
　　　　　　　　　　　　 〇〇〇株式会社　〇〇〇株

                        ○○○株式会社　○○○株
　(8)　配当起算日　　　　平成○○年○月○日
　(9)　申込取扱銀行　　　株式申込証記載の取扱銀行
　(10)　資金の使途　　　　運転資金および設備資金
2　資本金の推移等
　現在資本金　　　　○○○千円　○○○株
　今回の増資額　　　○○○千円　○○○株
　新資本金　　　　　○○○千円　○○○株
　資本準備金組入額　○○○千円
　発行価額の総額　　○○○千円
3　貴社（貴殿）にお引き受けいただきたい株数　　○○○株
　　　　　　　　　　　　　　　　　　　　　　　　　　以上

2 株式譲渡

　株式譲渡は，新株を発行しないで，株主が他の個人や法人に譲渡することをいいます。発行済株式総数を増加させることなしに持株比率を変更することができます。

　社長と少数株主間の株式異動や名義株の整理に利用されることが多いです。

　株式譲渡価額は時価ですので，事前に公認会計士に株価算定を行ってもらうことが必要となります。

1. 株式譲渡契約書

　株式譲渡契約書の記載例は以下のとおりです。

株式譲渡契約書

○○○○（以下「甲」という。）と○○○○（以下「乙」という。）とは，甲が所有する株式会社○○○○（以下「対象会社」という。）の株式の乙に対する譲渡につき，次のとおり株式譲渡契約を締結する。

第1条（対象会社）
　　　商　　　　号　　株式会社○○○○
　　　所　在　地　　東京都○区○町○丁目○番○号
　　　設 立 年 月 日　　平成○年○月○日
　　　資　　本　　金　　○○○○万円
　　　発行済株式総数　　○○○○株

第2条（株式譲渡）
1. 甲は，本契約の定めるところに従い，甲が保有する本件株式を乙に譲渡し，乙はこれを譲り受ける。
2. 本件株式の譲渡価額は，金○○○○円とする。
3. 乙は，本契約各条項の定めるところに従い，支払履行日に，甲に対し，本件株式取得の対価として譲渡価額を支払う。

第3条（株券の交付及び代金支払）
　乙は，譲渡代金を甲に対して，甲が指定する下記の銀行口座へ振り込む方法によって支払い，甲は乙に対して乙の記載された株主名簿の原本証明写しを交付し，譲渡する。
　　　　甲指定の銀行口座
　　　　　銀行名：○銀行○支店（店番○）
　　　　　預金種類：○○預金

　　　　口座番号：〇〇〇〇
　　　　口座名義：〇〇〇〇

第4条（前提条件）
1．甲による本株式譲渡は，本件譲渡日において，以下の全ての条件が充足されることを条件とする。
　　(1) 乙による表明および保証が，重要な点において真実かつ正確であること。
　　(2) 本契約締結日までに以下の書類が甲に対し提出されていること。
　　　・乙の印鑑証明書
2．乙による譲渡代金支払は，本件譲渡日において，以下の全ての条件が充足されることを条件とする。
　　(1) 甲による表明および保証が，重要な点において真実かつ正確であること。
　　(2) 本件譲渡日までに以下の書類が乙に対し提出されていること。
　　　・甲の印鑑証明書
　　　・本契約に基づく本株式の譲渡を承認する対象会社の取締役会議事録写し

第5条（表明および保証）
1．甲の表明および保証
　甲は，本契約締結日および本件譲渡日において，以下の各事項が真実かつ正確であることを表明し，保証する。
　　(1) 甲が本契約の締結および履行をする能力を有していること，および甲を当事者としもしくは甲が拘束される第三者との間の契約の規定のいずれにも反することはなく，これらに基づき要する一切の手続を履践していること。
　　(2) 本契約は，その締結により，甲につき適法，有効かつ拘束力を有する契約となり，その規定に従って甲に対して執行可能であること。

(3) 対象会社は，日本法に準拠して適法に設立され，かつ有効に存続している株式会社であること。

(4) 対象会社の発行済株式の総数は普通株式〇〇〇〇株であり，その株主構成は別紙記載のとおりであること。対象会社が当該株式以外の株式（種類株式を含む）を発行しておらず，また発行の合意等（ストックオプションによるものを含む）を第三者との間でしていないこと。

(5) 甲は，対象会社の株主名簿に記載される株主であること。

(6) 本株式は，いかなる者の先買権，引受権またはその他の権利または利益を侵害することなく，全て適法かつ有効に発行され，対象会社への払込が有効に完了していること。また，甲は，本株式全てを正当にかつ何らの請求権，担保権その他の負担を受けることなく所有しており，対象会社の株主名簿にその旨が法律上有効に記載されていること。

(7) 甲は，債務超過，無資力，支払停止又は支払不能の状態になく，かつ，甲について破産手続開始，民事再生手続開始若しくはその他適用ある倒産手続開始または解散の申立または請求は行われておらず，かつ，甲についていずれの原因となる事由も存在しないこと。また，甲は，本契約の締結または履行により，債務超過，無資力，支払停止または支払不能の状態に陥るおそれがなく，かつ，破産手続開始，民事再生手続開始若しくはその他適用ある倒産手続開始または解散の申立または請求の原因となる事実が生じないこと。

2．乙の表明および保証

乙は，本契約締結日および本件譲渡日において，以下の各事項が真実かつ正確であることを表明し，保証する。

(1) 乙は，本契約を締結し，履行する権利能力および行為能力を有していること。

(2) 本契約は，その締結により，乙につき適法，有効かつ拘束力を有する契約となり，その規定に従って乙に対して執行可能であること。

(3) 乙は，債務超過，無資力，支払停止または支払不能の状態になく，かつ，乙について破産手続開始，会社更生手続開始，特別清算開始，

民事再生手続開始またはその他適用ある倒産手続開始の申立は行われておらず，かつ，乙についていずれの原因となる事由も存在しないこと。

(4) 乙は，本契約の締結または履行により，債務超過，無資力，支払停止または支払不能の状態に陥るおそれがなく，かつ，破産手続開始，会社更生手続開始，特別清算手続開始，民事再生手続開始その他適用ある倒産手続開始の申立の原因となる事実が生じないこと。

第6条（反社会的勢力の排除）
1．乙は，甲に対し，本件契約時において，乙（乙が法人の場合は，代表者，役員，または実質的に支配する者を含む）が暴力団，暴力団関係企業，総会屋もしくはこれらに準ずる者またはその構成員（以下「反社会的勢力」という）に該当しない旨を表明し，かつ，将来にわたっても該当しないことを確約する。
2．乙は，甲が前項に該当するか否かを判定するために調査を要すると判断した場合，甲の求めに応じてその調査に協力し，これに必要と甲が判断する資料を提出しなければならない。
3．甲は，乙が反社会的勢力に属すると判明した場合，催告その他の手続を要することなく，本件契約を即時解除することができる。
4．甲が，前項の規定により，本件契約を解除した場合には，甲はこれによる乙の損害を賠償する責を負わない。
5．本件契約を解除した場合，甲から乙に対する損害賠償責任を妨げない。

第7条（準拠法）
本契約は，日本法に準拠し，日本法に従って解釈されるものとする。

第8条（管轄）
本契約に関し生じた一切の紛争につき，東京地方裁判所を第一審の専属的

合意管轄裁判所とする。

第9条（協議事項）
　本契約に規定のない事項または本契約書の解釈に疑義が生じた事項については，甲乙誠意を以って協議の上，これを決定する。

　本契約の締結を証するため本書2通を作成し，各自署名捺印のうえ各1通ずつを保有する。
　　　　平成〇年〇月〇日
　　　　　　　　　　　　　　（住所）東京都〇〇区〇〇町〇丁目〇番〇号
　　　　　　　　　　　　　　　　　甲（譲渡人）〇〇〇〇　　㊞
　　　　　　　　　　　　　　（住所）東京都〇〇区〇〇町〇丁目〇番〇号
　　　　　　　　　　　　　　　　　乙（譲受人）〇〇〇〇　　㊞

2. 株式譲渡承認の取締役会議事録

　株式譲渡制限株式を譲渡しようとする株主から会社に対して譲渡承認請求がなされ，取締役会で譲渡承認する場合の議事録記載例です。

取締役会議事録

　平成〇年〇月〇日午前〇時〇分，当会社本店会議室において，取締役会を開催した。
　　　　　取締役総数　　　　〇名
　　　　　出席取締役数　　　〇名
　　　　　監査役総数　　　　〇名
　　　　　出席監査役数　　　〇名
　上記のとおりの出席があったので，本取締役会は適法に成立した。代表取

締役社長○○○○は選ばれて議長となり，開会を宣言し，直ちに議事に入った。

議案　株式譲渡承認請求の件

　議長は，当会社株主から次のとおり，株式譲渡承認請求書が提出されている旨を述べ，当該株主の株式譲渡の承認可否を諮った結果，全員一致をもって，これを承認可決した。

1　株式譲渡承認請求株主の氏名・住所
　　（住所）東京都○○区○○丁目○番○号
　　（氏名）○○　○○
2　譲渡の相手方の氏名・住所
　　（住所）東京都○○区○○丁目○番○号
　　（氏名）○○　○○
3　譲渡対象株式の種類および数
　　普通株式○○株

　以上をもって本日の議事を終了したので，議長は午前○○時00分閉会を宣言した。
　上記決議を明確にするため，この本議事録を作成し，出席取締役および出席監査役は次に記名・押印する。

平成○年○月○日

株式会社○○　取締役会

議長代表取締役　○○　○○　㊞

出席取締役　○○　○○　㊞

出席取締役　○○　○○　㊞

出席監査役　○○　○○　㊞

3. 株式譲渡の税務

個人が株式を譲渡した場合，他の所得と区分して税金を計算する「申告分離課税」により所得税15％，地方税5％の税金がかかります。

上場株式等の譲渡所得に係る10％の軽減税率は平成25年12月31日をもって廃止され，平成26年1月1日以後は20％（所得税15％，住民税5％）となります。

ただし，平成25年から平成49年までは，復興特別所得税として各年分の基準所得税額の2.1％を所得税と併せて申告・納付することになります。

3 デット・エクイティ・スワップ

1. デット・エクイティ・スワップの株主総会議事録

会社に対して，金銭債権（会社にとっては，金銭債務，借入金，未払給与，未払報酬等）を現物出資する手法をデット・エクイティ・スワップ（Debt Equity Swap：DES）といいます。

デット・エクイティ・スワップは，会社にとっては，債務を資本金に振り替える取引です。すなわち会社は，元本返済，金利支払いといった資金流出を防いで，財務体質の改善を図ることができるのです。

会社法では，弁済期の到来した金銭債権を現物出資する場合で，帳簿価額を超えない金額であれば，デット・エクイティ・スワップについて，裁判所選任の検査役の調査を省略することができます（会社法207条9項5号）。

創業間もないベンチャー企業においては，資金繰りの悪い時期に，役員報酬の支払いが遅滞したり，役員が会社に資金を貸し付けることはしばし

ば行われます。そのような場合，役員等の会社に対する金銭債権（貸付金や未払役員報酬等）を会社の株式に振り替えることができるのです。

　実際の資金の動きを伴うことなしに，会社の財務体質の改善を図ることができるのです。

(1) デット・エクイティ・スワップの株主総会議事録

　デット・エクイティ・スワップの株主総会議事録は以下のとおりです。

臨時株主総会議事録

　平成○○年○月○日○○時から，当会社本店会議室において臨時株主総会を開催した。

　　当会社の株主総数　　○○名
　　発行済株式の総数　　○○株
　　総株主の議決権の数　○○個
　　出席株主の有する議決権の総数　○○個
　　議長　代表取締役　○○　○○
　　出席役員　取締役　○○　○○
　　　　　　　取締役　○○　○○
　　　　　　　取締役　○○　○○
　　　　　　　監査役　○○　○○

　上記のとおり定足数に足る出席があったので，この株主総会は適法に成立した。定款の規定により，代表取締役○○は選ばれて議長となり，議長席に着き，開会を宣し，直ちに議事に入った。
　第1号議案　募集株式発行の件
　　議長は，下記の要領で募集株式を発行したい旨を述べ，その賛否を諮った

ところ，満場一致をもってこれに賛成した。

記

1. 募集株式数　普通株式　○○株
2. 割当方法　第三者割当て
3. 募集株式の払込金額　1株につき金○○万円
4. 増加する資本金に関する事項　金○○万円
5. 増加する資本準備金に関する事項　金○○万円
6. 現物出資者の氏名・住所　○○○○　○○○○○○○○○○
7. 現物出資者に割り当てる株式数　○○株
8. 現物出資の目的財産の内容および価額
   債権者○○○○と当会社に対して有する弁済期を平成○○年○○月○○日とする金銭債権　金○○円
9. 払込期間　平成○○年○○月○○日まで

　以上をもって本日の議事を終了したので，この議事録を作成し，○○時○○分に散会した。
　上記決議を明確にするため，この議事録を作成し，議長および出席取締役は次に記名・押印する。

株式会社○○　臨時株主総会
議長・代表取締役　○○　○○　㊞
出席取締役　○○　○○　㊞
同　○○　○○　㊞
同　○○　○○　㊞
出席監査役　○○　○○　㊞

(2) デット・エクイティ・スワップの財産の評価証明

　デット・エクイティ・スワップに関する，公認会計士による財産の評価証明書の記載例は以下のとおりです。

現物出資の目的たる財産の評価証明書

平成○○年○○月○○日

○○○株式会社　御中
代表取締役　○○　○○　殿

　当職は，○○○株式会社（本店：東京都○○区○○丁目○○番○○号）が平成○○年○○月○○日開催の株主総会および同日開催の取締役会の決議に基づき新株発行を実施するにあたり，後記のとおり現物出資をなした者がいたため，その財産につき評価の依頼を受けた。

　当職において，必要とされる資料の調査および精査を実施した結果，その価格が適正なものと認められたので，下記のとおり証明する。

記

【証明の目的たる事項】
1．現物出資をなす者の氏名
　　　別紙のとおり。

2．出資の目的たる財産，その価格（評価額）
　　　別紙のとおり。

上記，当該現物出資に関する事項は相当であると認める。

　（証明者）
　　住　所：　東京都○○区○○丁目○○番○○号
　　資　格：　公認会計士
　　氏　名：　○○　○○

【別紙】

【証明の目的たる事項】

現物出資をなす者の氏名	現物出資の目的財産	目的財産の評価額	現物出資者に与える株式数
○○　○○	（債権者）○○　○○と，（債務者）○○○株式会社との間における平成○○年○○月○○日付金銭消費貸借契約に基づく債権金額金○○円の金銭債権。	金　○○万円	普通株式○○株

以　上

2．デット・エクイティ・スワップの会計処理

　デット・エクイティ・スワップの債務者側の会計処理については，券面額説と時価評価説という対立する2つの学説があります。現行実務では，券面額説による会計処理の採用が多いようですが（「東京地裁商事部における現物出資等検査役選任事件の現状」商事法務1590号，東京地裁判事針塚遵），法人税法上は，債権の時価評価が求められます（法人税法施行令第8条）。したがって，債権の時価評価額につき資本金等を増加させ，債権の券面額と時価との差額を債務消滅益に計上します（金融商品会計基準第二の二の3）。

　会計上，券面額説を前提として債権券面額について資本金を増加させた場合，税務上は申告調整が必要になります。

　役員からの借入金（帳簿価額10,000千円，時価8,000千円）についてデット・エクイティ・スワップを実行することにより，新株の発行を行った。払込金額の2分の1を資本準備金に組み入れることとした。なお，会計処理は

時価評価説に基づくこととし，債務消滅益を認識することとする。

【会計処理】
　(借)　役員借入金 10,000,000　　(貸)　資　　本　　金 4,000,000
　　　　　　　　　　　　　　　　　　　資本準備金 4,000,000
　　　　　　　　　　　　　　　　　　　債務消滅益 2,000,000

4 ストックオプション

1．ストックオプションの意義

　ストックオプションとは，法律上は新株予約権と呼ばれ，会社が取締役・従業員等に対して，将来において予め決められた価格（権利行使価額）で会社の株式（ストック）を一定期間内に購入できる権利（オプション）を付与する報酬制度のことです。なお新株予約権は，ストックオプションという英語を日本語に翻訳した言葉です。

　将来，株式公開が実現され，株価が上昇した場合，取締役や従業員は時価よりも低い権利行使価額でストックオプションの権利行使を行い，会社の株式を市場で売却することによってキャピタルゲインを得ることができます。

　逆にいうと，株式公開できなかったり，権利行使をしなかったら何も得られず何も失わないということになります。

　このストックオプションは，有能な人材の確保や仕事へのやる気を引き出すためのインセンティブとして利用されています。

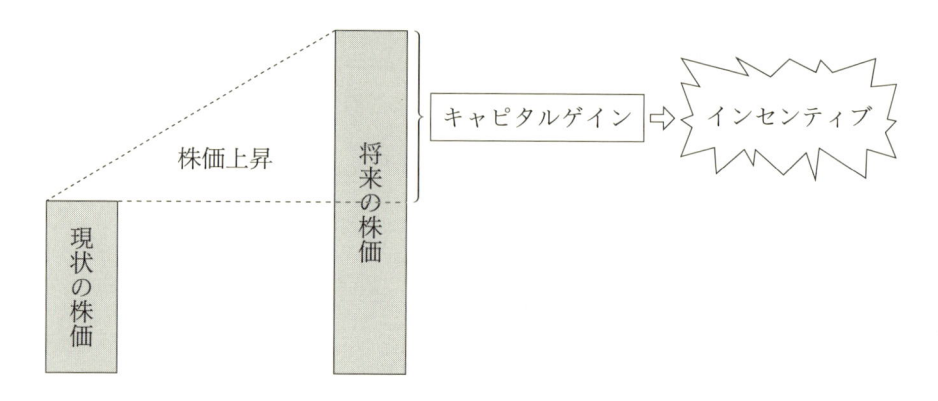

[図：現状の株価 → 将来の株価（株価上昇）→ キャピタルゲイン ⇒ インセンティブ]

2. ストックオプションの仕組み

(1) ストックオプションの仕組み

ストックオプションの仕組みを簡単に説明しましょう。

> 株式上場準備企業が，将来において自社の発行株式を1株5万円で買い取ることができるストックオプションを自社の役員・従業員，子会社の役員，提携企業等に付与します。
>
> 役員・従業員の労働意欲向上の結果，会社は順調に成長し，株式を上場します。
>
> ストックオプションを付与された役員・従業員等は権利を行使し，権利行使価額1株5万円で自社株式を取得します。
>
> 取得した自社株を売却するとき，株価は30万円に値上がりしていたので，1株25万円のキャピタルゲインを得ることができます。

このように，ストックオプションの権利付与対象者は権利行使時点で，株価が権利行使価格を上回っていれば，権利を行使することで，自社株を，その時点の時価よりも低い価格で購入し，時価で売却することで利益を得ることができるのです。

ストックオプションの仕組みを活用すれば，株式上場を目指す企業において，当面の現金支出を抑制しつつ，役員，従業員，関連会社や提携先へ将来報いることができます。

　創業から間もないスタートアップ期にある会社においては，「優秀な社員が欲しいが，まだ成功していないので十分な給料が払えない」という状況は多々あります。そこで，ストックオプションを与えることで，現金支出抑制の効果が望めます。特に人件費比率が高い業種（IT・ネット企業サービス業等）の場合，ストックオプション導入による現金流出予防効果は一層大きくなります。

　一方，ストックオプションを付与される側からみると，「現状では十分な報酬を与えられなくても，将来会社が成長し株価が上昇した際には，この権利を行使し大きな利益を得ることができる」という将来への期待を持つことができるのです。

⑵　ストックオプションの一般的導入手順
　①　ストックオプションの方針決定（株主総会の半年前位）
　⇩　1ヵ月程度
　②　ストックオプションの具体案決定
　　　a．付与対象者・付与数・行使価格・行使期間・公認会計士に株価算定依頼等
　　　b．契約書作成・登記業務を司法書士等に依頼
　⇩
　③　ストックオプション契約書案の作成（ベスティング導入等検討）
　⇩
　④　株主総会特別決議で募集事項決定（取締役会設置会社は取締役会に委任可能）
　⇩

⑤　申込予定者へ募集事項通知
⇩
⑥　新株予約権の申込み
⇩
⑦　取締役会による新株予約権の割当決定（取締役会非設置会社は株主総会）
⇩
⑧　割当個数の通知
⇩
⑨　新株予約権契約書作成・締結等
⇩
⑩　新株予約権原簿作成
⇩
⑪　新株予約権登記

3. 新株予約権の会社法上の手続

　一般的な新株予約権（第三者割当て・非上場会社の場合）の会社法上の手続は以下のとおりとなります。

⑴　発行可能株式総数の枠に余裕があるかの確認
　発行した新株予約権の権利行使によって，発行済株式総数が発行可能株式総数を超える可能性がないか確認する必要があります。発行可能株式総数の枠を超える可能性がある場合，定款変更を行う必要があります。

⑵　募集事項の決定
　新株予約権を引き受ける者の募集をしようとするときは，募集新株予約

権について株主総会の特別決議で募集事項を定めなければなりません（会社法238条1項）。なおこの段階では具体的な割当予定者を確定する必要はありません。

① 募集新株予約権の内容および数

募集新株予約権の内容は次に掲げる事項としなければなりません（会社法236条1項）。

イ　新株予約権の目的である株式の種類・数またはその数の算定方法

ロ　新株予約権の行使に際して出資される財産の価額またはその算定方法

ハ　金銭以外の財産をその新株予約権の行使に際してする出資の目的とするときは，その旨ならびにその財産の内容および価額

ニ　新株予約権の行使期間

ホ　新株予約権の行使により株式を発行する場合における増加する資本金および資本準備金に関する事項

ヘ　譲渡によりその新株予約権の取得についてその株式会社の承認を要することとするときは，その旨

ト　その新株予約権について，その株式会社が一定の事由が生じたことを条件としてこれを取得することができることとするときはその事項

チ　株式会社が合併等の行為をする場合において，新株予約権の新株予約権者に合併後存続する株式会社等の新株予約権を交付することとするときは，その旨およびその条件

リ　新株予約権を行使した新株予約権者に交付する株式の数に1株に満たない端数がある場合において，これを切り捨てるものとするときは，その旨

ヌ　新株予約権に係る新株予約権証券を発行することとするときは，その旨

② 募集新株予約権と引換えに金銭の払込みを要しないこととする場合

（現物出資の場合）にはその旨
③ ②に規定する場合以外には，募集新株予約権の払込金額またはその算定方法
④ 募集新株予約権を割り当てる日（割当日）
⑤ 募集新株予約権と引換えにする金銭の払込みの期日を定めるときは，その期日
⑥ 募集新株予約権が新株予約権付社債に付されたものである場合には，会社法676条各号に掲げる事項
⑦ ⑥の場合において，新株予約権付社債に付された募集新株予約権についての会社法118条1項（新株予約権の買取請求），777条1項（組織変更における新株予約権の買取請求），787条1項（吸収合併，吸収分割，株式交換における新株予約権の買取請求）または808条1項（新設合併，新設分割，株式移転における新株予約権の買取請求）の規定による請求方法につき別段の定めをするときはその定め

⑶ 募集事項決定の委任

　募集事項決定は，株式譲渡制限会社においては株主総会の特別決議で決定しなければなりませんが（会社法238条1項），株主総会の特別決議によって募集事項の決定を取締役（取締役会設置会社にあっては取締役会）に委任することができます（会社法239条1項）。この場合，次に掲げる事項を定めなければなりません（会社法239条1項）。

① 委任に基づいて募集事項決定をできる募集新株予約権の内容および数の上限
② 募集新株予約権につき金銭の払込みを要しないこととする場合（現物出資の場合）はその旨
③ 現物出資以外の場合には，募集新株予約権の払込金額の下限

この委任決議は，株主総会特別決議の日から1年以内の日である募集事項の決定に有効です。したがって，1年間は取締役会決議のみで新株予約権の発行が可能となります。言い換えれば，株主総会の特別決議から1年以内に，具体的な割当予定者を確定し，取締役会で新株予約権を発行する必要があるのです。

(4) 申込予定者への募集事項の通知

　株式会社は募集に応じて新株予約権の引受けの申込予定者に対して，次に掲げる事項を通知しなければなりません（会社法242条1項）。

---
① 株式会社の商号
② 募集事項
③ 新株予約権の行使に際して金銭の払込みをすべきときは，払込取扱場所
④ ①～③の他，法務省令で定める事項
---

(5) 新株予約権の申込み

　募集新株予約権の引受けの申込みをする者は，次に掲げる事項を記載した申込書を株式会社に交付しなければなりません（会社法242条2項）。

---
① 申込みをする者の氏名または名称および住所
② 引き受けようとする募集新株予約権の数
---

(6) 新株予約権の割当ての決定

　株式会社は，申込者の中から募集新株予約権の割当てを受ける者および割当新株予約権数を定めなければなりません（会社法243条1項）。

(7) 新株予約権割当ての通知

　株式会社は，割当日の前日までに申込者に対し割り当てる募集新株予約権の数を通知しなければなりません（会社法243条3項）。

(8) 新株予約権契約書の作成・締結

　株式会社は申込者と契約書を締結します。

(9) 新株予約権者となる日

　募集新株予約権の申込者は，割当日に新株予約権者となります（会社法245条1項）。

(10) 新株予約権に係る払込み

　① 新株予約権を有償発行した場合

> 　募集新株予約権者は行使期間の初日の前日までに銀行等の払込取扱場所において，募集新株予約権の払込金額の全額を払い込まなければなりません（会社法246条1項）。新株予約権者は，株式会社の承諾を得て，払込金額に相当する金銭以外の財産を給付し，または株式会社に対する債権をもって相殺することができます（会社法246条2項）。

　② 新株予約権を無償発行した場合

　新株予約権を無償発行する場合，払込みを要しません（新株予約権自体をゼロで発行するのであって，新株予約権の権利行使価額がゼロなわけではないことに留意する必要があります）。

(11) 新株予約権証券の発行

　新株予約権証券を発行する旨を定めているとき。新株予約権証券は通常

は発行しないことが多いようです。

(12) 新株予約権原簿の作成

新株予約権の管理を行うために新株予約権を発行した日以後遅滞なく，新株予約権原簿を作成しなければなりません。新株予約権原簿には，新株予約権の区分に応じて，新株予約権原簿記載事項（新株予約権証券の番号・数量，新株予約権者の氏名または名称および住所等）を記載・記録しなければなりません（会社法249条）。信託銀行等の株主名簿管理人を置く旨を定款に定め，新株予約権原簿に関する事務を委託することができます（会社法251条）。

新株予約権の区分	新株予約権原簿記載事項
① 無記名式の新株予約権証券が発行されている新株予約権（無記名新株予約権といいます）	新株予約権証券の番号ならびに無記名新株予約権の内容および数
② 無記名式の新株予約権付社債券（無記名新株予約権付社債といいます）	新株予約権付社債券の番号ならびに新株予約権の内容および数
③ ①と②以外の新株予約権	イ　新株予約権者の氏名または名称および住所 ロ　イの新株予約権者の有する新株予約権の内容および数 ハ　新株予約権者が新株予約権を取得した日 ニ　新株予約権が証券発行新株予約権であるときは，その新株予約権証券の番号 ホ　新株予約権が新株予約権付社債に付されたものであるときは，新株予約権付社債券の番号

以下は，新株予約権原簿の書式例です。

総会決議日	付与日	行使価格	行使期間	氏名	新株予約権者住所	付与数	行使日	行使数	失効数	残数

(13) 新株予約権の割当日から2週間以内に登記申請を行う必要があります。

4．新株予約権の株主総会議事録の記載例

募集新株予約権の発行につき募集事項を決定した臨時株主総会議事録の記載例を示します。

臨時株主総会議事録

平成○○年○月○日午前○○時から，当会社本店会議室において臨時株主総会を開催した。
　当会社の株主総数　　○○名
　発行済株式の総数　　○○株
　総株主の議決権の数　　○○個
　出席株主の有する議決権の総数　　○○個

上記のとおり定足数に足る出席があったので，この株主総会は適法に成立した。定款の規定により，代表取締役○○は選ばれて議長となり，議長席に着き，開会を宣し，直ちに議事に入った。
第1号議案　ストックオプション目的で新株予約権を発行する件
　会社法236条，同238条，同239条の規定に基づき，ストックオプション目的により新株予約権を発行したい旨を詳細に説明した後，議事に諮ったとこ

ろ，満場一致をもって下記の要領で発行することを可決した。

記

(1) 新株予約権数　○○個
(2) 新株予約権の目的たる株式の種類および数　甲社普通株式　○○株

　甲が新株予約権割当日以降，株式分割または株式併合を行う場合，次の算式により，付与株式数を調整する。

　但し，かかる調整は新株予約権のうち，当該時点で行使されていない新株予約権の目的となる株式の数についてのみ行われるものとする。

　なお，分割の比率とは，株式分割後の発行済株式総数を株式分割前の発行済株式総数で除した数を，併合の比率とは，株式併合後の発行済株式総数を株式併合前の発行済株式総数で除した数を，それぞれ意味するものとし，以下同じとする。

　調整後株式数＝調整前株式数×分割・併合の比率

　(調整の結果1株未満の端数が生じた場合は，これを切り捨てる。この端数処理は，割当日後，新株予約権ごとに計算の上行われるものとする)

(3) 新株予約権の発行価額　無償
(4) 新株予約権の行使に際して払込みをすべき金額

　新株予約権1個当たりの行使に際して払込みをなすべき金額は新株予約権の行使により発行または移転する株式1株当たりの払込金額（以下「行使価額」という）に付与株式数を乗じた金額とする。

　行使金額は金○○円を下限とし，新株予約権発行を決議する取締役会開催時において合理的に算定される当社の時価と比較して，どちらか高い額とする。

　新株予約権割当日後，甲が株式分割または株式併合を行う場合，次の算式により行使価額を調整し，調整による1円未満の端数は切り上げる。

　調整後行使価額＝調整前行使価額×$\dfrac{1}{(分割・併合の比率)}$

新株予約権割当日後，甲が時価を下回る価額で新株式発行又は甲が保有する自己株式の処分を行う場合（新株予約権の行使により新株を発行する場合を除く）には，行使価額を次の算式により調整し，調整の結果生じる1円未満の端数はこれを切り上げるものとする。

$$調整後行使価額 = \frac{(既発行株式数 \times 調整前行使価額 + 新株発行株式数 \times 1株当たり払込金額)}{(既発行株式数 + 新株発行株式数)}$$

上記の算式において，「既発行株式数」とは甲の発行済普通株式数から甲が保有する普通株式にかかる自己株式数を控除した数とし，自己株式の処分を行う場合には，「新株発行数」を「処分する自己株式数」に読み替えるものとする。

(5) 新株予約権の行使期間
　自：新株予約権発行日の翌日
　至：株主総会決議日より10年以内

(6) 新株予約権行使の条件
　新株予約権行使の条件については，本株主総会および取締役会決議に基づき，当社と新株予約権の割当てを受けた者（以下「新株予約権者」という。）との間で定めた新株予約権割当契約に定めるところによる。

(7) 新株予約権を消却することができる事由および消却の条件
　新株予約権を消却することができる事由および消却の条件については，本株主総会および取締役会決議に基づき，当社と新株予約権の割当てを受けた者（以下「新株予約権者」という。）との間で定めた新株予約権割当契約に定めるところによる。

(8) 甲の合併，吸収分割，新設分割，株式交換，株式移転に伴い，甲の新株予約権の代替として交付される新株予約権の内容
　甲の合併，吸収分割，新設分割，株式交換，株式移転に伴い，甲の新株予約権の代替として交付される新株予約権の内容については，本株主総会および取締役会決議に基づき，当社と新株予約権の割当てを受けた者（以下「新株予約権者」という。）との間で定めた新株予約権割当契約に定めるところに

よる。

(9) 新株予約権証券

　新株予約権証券は，新株予約権者からの請求があるときに限り発行する。
（ストックオプション目的で新株予約権を発行することを必要とする理由）

　当社（および当社子会社）の取締役および従業員にあっては，当社の業績向上に対する貢献意欲や士気を一層高めることを狙いとして，また社外協力者にあっては，当社との強固かつ友好的な信頼関係を維持・推進することを期待して，本新株予約権を発行するものであり，新株予約権保有者の負担を軽減する目的で，発行価額を無償とするものであります。

　以上をもって本日の議事を終了したので，この議事録を作成し，〇〇時〇〇分に散会した。

　上記決議を明確にするため，この議事録を作成し，議長および出席取締役は次に記名・押印する。

　　　　　　　　　　　　　株式会社〇〇　臨時株主総会
　　　　　　　　　　　　　議長・代表取締役　〇〇　〇〇　㊞
　　　　　　　　　　　　　　　出席取締役　〇〇　〇〇　㊞
　　　　　　　　　　　　　　　　　　同　　〇〇　〇〇　㊞
　　　　　　　　　　　　　　　　　　同　　〇〇　〇〇　㊞

5．新株予約権申込書の記載例

第〇回新株予約権申込書

株式会社〇〇〇　第〇回新株予約権　　〇個
（この新株予約権の目的である株式の種類および数　普通株式〇株）

上記第○回新株予約権を貴社定款およびこの申込書記載の要項を承認のうえ引き受けたく申し込みます。

　　　　　　　　　　　　　　　　　　　平成○○年○○月○○日
　　　　　　　　　　　　　　　　　　　申込人　　　○○　○○　㊞
　　　　　　　　　　　　　　　　　　　株式会社○○○
　　　　　　　　　　　　　　　　　　　代表取締役　○○　○○　殿

6. 新株予約権の契約書作成について

(1) 新株予約権契約書の記載事項

新株予約権契約書では，次のような条項を記載します。
① 新株予約権の割当て（新株予約権の目的たる株式の種類および数，発行価額，行使価額，行使期間，行使条件，消却事由，消却条件，譲渡制限，新株予約権証券，発行日）
② 新株予約権の行使の条件および制限
③ 株券の保管の委託
④ 新株予約権の喪失
⑤ 利益配当金の取扱い
⑥ 租税処理（所得税，有価証券譲渡益課税等の租税公課について）
⑦ 新株予約権に関する契約の改訂について

(2) インセンティブ効果を長期的に保持するような契約書にする

　新株予約権が，従業員の将来にわたってのインセンティブ効果を長期間保持させるためには，新株予約権の行使条件設定に充分な配慮が必要です。
　例えば，新株予約権の行使は段階的に行使させるべきです。この仕組みをベスティングといいます。
　ベスティングとして，以下のような文言を契約書に織り込むべきです。

> 平成〇〇年〇〇月〇〇日までは権利を付与された株式の〇分の１について権利を行使できる。

　株式上場後，従業員が，新株予約権を一時に行使して，取得した株式を市場で売却して，多額なキャピタルゲインを手にした場合，経済的に，その従業員を会社に引き付けておくのは困難になってしまうでしょう。人材流出を抑えるためにも権利行使可能になる期間を長め（例えば３年程度）に設定すべきです。
　また，会社を退職した者に対する新株予約権は，契約書上，自動的に放棄するような条項を設けるべきです。会社を退職した者に，インセンティブを与えても意味がないからです。

7.　新株予約権割当契約書の記載例

新株予約権割当契約書

　株式会社〇〇（以下，「甲」という）と，〇〇（以下，「乙」という）は，甲が発行する新株予約権の割当てに関し，以下のとおり契約する。

第１条（新株予約権の割当て）
　甲は，平成〇〇年〇〇月〇〇日開催の臨時株主総会決議に基づき，乙に対して，次の要領により甲の新株予約権を割り当て，乙はこれを引き受ける。
(1)　新株予約権数　　〇〇個
(2)　新株予約権の目的たる株式の種類および数　甲社普通株式　〇〇株
　甲が新株予約権割当日以降，株式分割または株式併合を行う場合，次の算式により，付与株式数を調整する。
　但し，かかる調整は新株予約権のうち，当該時点で行使されていない新株

予約権の目的となる株式の数についてのみ行われるものとする。

なお，分割の比率とは，株式分割後の発行済株式総数を株式分割前の発行済株式総数で除した数を，併合の比率とは，株式併合後の発行済株式総数を株式併合前の発行済株式総数で除した数を，それぞれ意味するものとし，以下同じとする。

調整後株式数＝調整前株式数×分割・併合の比率

（調整の結果1株未満の端数が生じた場合は，これを切り捨てる。この端数処理は，割当日後，新株予約権ごとに計算の上行われるものとする）

(3) 新株予約権の発行価額　無償
(4) 新株予約権の行使に際して払込みをすべき金額

新株予約権1個当たりの行使に際して払込みをなすべき金額は新株予約権の行使により発行または移転する株式1株当たりの払込金額（以下「行使価額」という）に付与株式数を乗じた金額とする。

行使金額は金○○円を下限とし，新株予約権発行を決議する取締役会開催時において合理的に算定される当社の時価と比較して，どちらか高い額とする。

新株予約権割当日後，甲が株式分割または株式併合を行う場合，次の算式により行使価額を調整し，調整による1円未満の端数は切り上げる。

$$調整後行使価額＝調整前行使価額 \times \frac{1}{(分割・併合の比率)}$$

新株予約権割当日後，甲が時価を下回る価額で新株式発行または甲が保有する自己株式の処分を行う場合（新株予約権の行使により新株を発行する場合を除く）には，行使価額を次の算式により調整し，調整の結果生じる1円未満の端数はこれを切り上げるものとする。

$$調整後行使価額＝\frac{(既発行株式数 \times 調整前行使価額＋新株発行株式数 \times 1株当たり払込金額)}{(既発行株式数＋新株発行株式数)}$$

上記の算式において,「既発行株式数」とは甲の発行済普通株式数から甲が保有する普通株式にかかる自己株式数を控除した数とし,自己株式の処分を行う場合には,「新株発行数」を「処分する自己株式数」に読み替えるものとする。
(5)　新株予約権の行使期間
　　自：新株予約権発行日の翌日
　　至：株主総会決議日より10年以内
(6)　新株予約権行使の条件
　　① 乙が，甲または甲の子会社（将来の子会社を含むものとする。）の役員または従業員たる地位にあること。但し，甲の取締役会において，特に認めた場合は，この限りではない。
　　② 乙が権利行使前に禁錮以上の刑に処せられていないこと，甲の就業規則により降格以上の制裁を受けていないこと。
　　③ 新株予約権者は，以下の区分に従って，付与された権利の一部または全部を行使することができる。なお，行使可能な株数が1株の株式数の整数倍でない場合は，1株の株式数の整数倍に切り上げた数とする。但し，いずれの場合においても権利行使に係わる権利行使価額の年間の合計額は1,200万円を超えてはならない。
　　　(イ) 平成○○年○月○日から平成○○年○月○日までは，権利を付与された株式数の3分の1について権利を行使することができる。
　　　(ロ) 平成○○年○月○日から平成○○年○月○日までは，権利を付与された株式数の3分の1について，上記(イ)に加えて権利を行使することができる。
　　　(ハ) 平成○○年○月○日から平成○○年○月○日までは，権利を付与された株式数の3分の1について，上記(イ)(ロ)に加えて権利を行使することができる。
　　④ この新株予約権は，行使の日の属する営業年度の直前の営業年度における甲の税引後当期純利益が○○円以上である場合に行使することができる。

(7) 新株予約権を消却することができる事由及び消却の条件
　① 乙は，次の各号の一に該当した場合は，権利行使期間中であっても，直ちに新株予約権を喪失する。
　② 乙が甲の取締役または従業員でなくなったとき。但し，甲の取締役会において，特に認めた場合は，この限りではない。
　③ 乙が禁錮刑以上の刑に処せられたとき，甲の就業規則により降格以上の制裁を受けたとき。
　④ 乙が新株予約権の全部または一部を放棄する旨を申し出たとき。
(8) 甲の合併，吸収分割，新設分割，株式交換，株式移転に伴い，甲の新株予約権の代替として交付される新株予約権の内容

甲の合併，吸収分割，新設分割，株式交換，株式移転に伴い，当該時点において行使されていない甲の新株予約権は消滅し，甲の新株予約権の代替として，会社法236条第1項第8号のイ，ロ，ハ，ニ，ホにより掲げる株式会社（以下「再編対象会社」という。）の新株予約権を交付することとする。但し，再編対象会社の新株予約権を交付する旨を，吸収・新設合併契約，吸収分割契約，新設分割計画，株式交換契約または株式移転計画において定めた場合に限るものとする。
　① 交付する再編対象会社の新株予約権の目的たる株式の種類
　　再編対象会社の普通株式とする。
　② 交付する再編対象会社の新株予約権の数
　　合併，吸収分割，新設分割，株式交換，株式移転の条件等を勘案の上，合理的な調整がなされた新株予約権の数及び付与株式の数とする。
　③ 交付する再編対象会社の新株予約権の行使の際の払込金額
　　合併，吸収分割，新設分割，株式交換，株式移転の条件等を勘案の上，行使価額につき合理的な調整がなされた額に，付与株式数を乗じた額とする。
　④ 交付する再編対象会社の新株予約権の行使期間
　　新株予約権の行使期間の開始日と合併，吸収分割，新設分割，株式交換，株式移転の日のいずれか遅い日から，新株予約権の行使期間満了日までと

するが，行使期間は合理的な調整をすることができる。
  ⑤ 交付する再編対象会社の新株予約権の行使条件
   甲の新株予約権に準じて決定する。
(9) 新株予約権証券
 新株予約権証券は，新株予約権者からの請求があるときに限り発行する。
第2条（新株予約権の行使請求の方法）
(1) 乙が新株予約権の行使を請求しようとするときは，甲所定の「新株予約権行使請求書」に必要事項を記載しこれに記名捺印したうえ，当該請求書に新株予約権行使に要する書類を添えて，行使期間に定める期間中に，甲に提出しなければならない。新株予約権証券が発行されている場合は，これを添付することを要する。
(2) 乙が新株予約権の行使を請求しようとするときは，甲が定めた金融機関に，新株予約権行使に際して払い込むべき金額を払い込まなければならない。
第3条（株主となる時期）
 乙が前条の規定により新株予約権を行使したときは，払込みのときに株主となる。
第4条（株券の交付方法）
 甲は，本契約に従い，乙がこの新株予約権を行使して甲に対し株券の交付を請求したときは，遅滞なく乙に対して新株を発行するか自己株式の交付手続をとらなければならない。
第5条（記載なき事項）
 本契約に記載のない事項および本契約の解釈に疑義が生じた場合には，甲乙協議のうえ，これを定めるものとする。

平成〇〇年〇月〇日
（甲）
（乙）

8. ストックオプションの活用法

上場準備企業におけるストックオプション活用法としては以下のような方法があります。

(1) 役員・従業員への付与

役員や従業員にストックオプションを付与して社内の士気を高めることができます。また，リスクを負ってベンチャー企業に就職しようとする採用予定者へ付与することによって，当面の資金流出額を抑制しつつ，優秀な人材を採用することを可能にします。

(2) 資本の提携

事業提携先等自社とシナジーのある相手先に対してストックオプションを付与することによってより緊密な提携関係を構築することが可能となります。語弊はあるかもしれませんが，「将来の売上を株で買う」ような効果が期待できるかもしれません。

(3) ベンチャーキャピタル等金融機関からの資金調達の促進

ベンチャー企業がベンチャーキャピタル等の金融機関にストックオプションを付与してキャピタルゲインの可能性を高め，融資の金利を低くしてもらったり，融資をしやすくしてもらったりする効果があります。

例えば，日本政策投資銀行の新株予約権付融資（融資と同時に新株予約権を付与）や三菱地所のインキュベーション施設のオフィス利用軽減（対価として新株予約権を付与）などがあります。

(4) 業務委託先等への付与

ストックオプションを介して公認会計士，税理士などの社外協力者と事

業提携関係を強化するケースがあります。当面の顧問報酬による資金流出額を抑制しつつ，事業サポートを期待することが可能になります。

(5) 相続税・後継者対策

自社株の相続対策としてストックオプションを用いることもできます。株式の時価が低いときに後継者にストックオプションを付与しておけば，相続時に時価で株式を相続するよりも相続税による負担を少なくすることができます。

9. 経営者のための有償時価発行ストックオプション活用法

(1) 持株比率維持の特効薬 （有償時価発行ストックオプション）

前述したような従業員のためのストックオプションとは別に，経営者向けのストックオプション活用法があります。

本来，ストックオプションは，従業員のやる気を引き起こさせるためのインセンティブプランとして実行されるものです。しかしながら，資本政策において，経営者の持株比率を維持するための手段としてもストックオプションを活用することが可能です。

創業間もない成長力の高いベンチャー企業の場合，会社の自己資本の充実や社長の資力も十分ではありません。そのような状況で，株式上場に向けてベンチャーキャピタル等から資金調達をすると，社長のシェアは一気に低下してしまいます。

そこで，ベンチャーキャピタル等の外部株主が入ってくる前の創業初期段階で大量のストックオプションを時価で社長に付与し，現物株式を高値で売却した資金で，ストックオプションを行使し，シェアを維持することが可能となるのです（従来は，発行済株式総数の10％以内という制限がありましたが，会社法においてストックオプションの発行量制限はまったくありません）。

したがって，ベンチャーキャピタルからの資金調達への依存度が低い資本政策に関しては，大量のストックオプションを社長に付与して，シェア維持を確保する施策が可能となります。潜在的株式であるストックオプションの発行をどの程度まで認めるかは，持株比率，時価総額，追加増資への影響等を勘案し，専門家の指導を仰ぎ，慎重に実行する必要があるでしょう。

(2) 税制適格ストックオプションとは別のスキーム

　税制上優遇される税制適格ストックオプションは，持株比率が3分の1を超える大株主の場合には利用できません。

　したがって多くの経営者が税制適格ストックオプションを利用できないこととなります。

　しかしながら，大株主の起業家でもストックオプションを有償発行（時価発行）することで，ストックオプション行使時点での節税できるスキームを構築することが可能となります。

　ストックオプションの有償発行（時価発行）は，資本政策において，起業家の持株比率のダイリューション（希薄化）を防ぐための解決策になります。

　このスキームでは，ストックオプションを時価評価する必要がありますので，公認会計士に，ストックオプションの価値評価を依頼する必要があります（行使価額決定のための株価算定とは別に，オプション価値評価計算が必要となります）。

　ストックオプションの価値評価は，「ブラック・ショールズ・モデル」を代表とする「オプション・プライシング・モデル」に基づいて公正な評価額を見積ることとなります。

　ブラック・ショールズ・モデルとは，「オプションの行使日に持っている

と期待される本質的価値を現在価値に直したものがオプションの価値であるとして測定する方法」であり，以下の6つの要素からストックオプションの価額が測定されます。

① 原資産価格（株価）
② オプションの行使価格
③ オプション行使までの見積期間
④ ボラティリティ（見積株価変動率）
⑤ 見積配当率
⑥ リスク・フリー・レート（割引率）

これらブラック・ショールズ・モデルで用いられる6つの要素は，「ストック・オプション等に関する会計基準の適用指針」において，算定技法に考慮しなければならないと示される6つの基礎数値に全て該当します。

ブラック・ショールズ・モデルは1973年にフィッシャー・ブラック（Fischer Black）とマイロン・ショールズ（Myron Scholes）が共同で発表したオプション価格評価理論です。

有償時価発行におけるポイントは，社長の持株比率を高く維持するために，「オプション価値を低く抑えてストックオプション発行時の資金流出を抑制すること」，「権利行使時の行使価額を低く抑えること」です。

そこで，上述したブラック・ショールズ・モデルで用いられる6つの要素が，オプション価格にどのような影響を与えるかを理解する必要があります。

具体的には，オプション価格は以下のように変動します。

ⅰ）原資産価格（株価）が上昇するとオプション価値も上昇します。
ⅱ）オプションの行使価額が上昇するとオプション価値は下落します。
ⅲ）オプション行使までの見積り期間が増加するとオプション価値も上昇します。
ⅳ）ボラティリティ（見積株価変動率）が上昇するとオプション価値も上昇します。
ⅴ）見積配当率が上昇するとオプション価値は下落します。
ⅵ）リスク・フリー・レート（割引率）が上昇するとオプション価値も

上昇します。

オプション価値を抑えるために重要な要素は，
- オプションの行使価額
- オプション行使までの見積期間
- ボラティリティ（見積株価変動率）

の3点となります。

その理由は以下の通りです。

第1に，オプションの行使価額を上下させることでストックオプションの評価価格を調整することは比較的容易であるからです。発行会社の株価が低くなったタイミングを見計らって，ストックオプションを発行することでオプションの行使価額を低く抑えることも可能です。

第2に，オプション行使までの見積期間は，付与対象者の行動傾向を考慮して設定することで，オプション行使までの見積期間を調整可能であるからです。オプション価値を抑えるためには，行使期間も無用に長くすべきではないことになります。

第3に，未上場会社のボラティリティは，類似上場会社のボラティリティを参考にするため，参考にする類似会社選定方法によってもボラティリティが大きく変化するからです。

(3) オプション価値引き下げ方法

思いのほか，有償時価発行ストックオプションの価値が高い場合があるという点に注意してください。

行使期間を短くしたり，株価の低いタイミングで発行する等の工夫が必要です。必要に応じて，ダウンノックアウト型のエキゾチックストックオプション（権利確定までの間に株価がある一定金額以下になった際に会社が無償で取得できるという条件を付したストックオプション）スキームも検討の余地があるでしょう。

オプション評価はモンテカルロシミュレーションで行います。

なお，大量にストックオプションを発行すると行使資金の手当ができないことにもなりかねません。

10. 役員・従業員への適正なストックオプション付与量は？

役員・従業員のためのストックオプションは，どの程度付与すればいいのでしょうか？

会社法上は，誰に何株付与しなければいけないというような規制は特にありません。

ストックオプション発行の際に留意すべきポイントを以下に示したいと思います。

(1) ストックオプション付与基準は公平にする

ストックオプションの付与は，社内の公平性，納得性が重要です。付与ルールが公平で，従業員にとって納得感が得られることが重要です。

ストックオプション付与の公平な選定基準がなければ，付与されなかった者のモラールを大きく低下させる恐れがあります。例えば，あるときの一定の役員に付与して，その後任の役員に付与しないというのでは不公平感を生んでしまいます。

一般的に，職位，業績への貢献度，勤務年数等を考慮して社長が付与数を個別に決定していることが多いようです。

なお，付与数を個別に決定する場合でも，職位と査定係数により付与数を設定することは可能です。

> ストックオプション付与数＝付与基準数×査定係数

(2) 自社の企業文化を考慮する

古参役員・従業員と新入役員・従業員との処遇に関して，利害調整の問題が生じます。

役員・従業員の処遇が比較的年功序列にも配慮した会社においては，年齢，勤務年数等もある程度は考慮した付与が馴染む場合もあるかもしれません。一方，その場合，ストックオプションの本来の意義であるインセンティブとしての機能は失われてしまいます。入社間もない若手で，会社業績との連動性の低い業務の従業員に対しては一律何株といった付与が多いようです。

一方，完全実力主義の会社であれば，具体的な成果を考慮して，業績に連動するように付与する必要があるでしょう。その場合，個人の明確な業績評価基準が用意されていることが必要となります。

(3) 職務内容による格差

ストックオプションは，通常，企業価値や企業業績への影響が強い者に対して付与するのが一般的です。そこで，通常，社長を補佐する営業や財務の役員等の上級管理職に厚く付与されることが多いようです。

また，職務によって株価に影響を与える程度が異なる点にも配慮が必要です。例えば，営業部門と管理部門においては，会社の業績・株価への影響力は大きく異なるはずです。ですから，「営業部門にはストックオプションを業績評価と連動させ，厚く付与する」「管理部門にはストックオプション付与数を少なくする代わりに現金報酬の比率を上げる」等の施策も検討するべきです。

また，上場準備会社において，上場準備担当者は，会社の業績と自らの職務の連動性は低いでしょうが，株式上場準備作業は，膨大で長時間労働が強いられます。ストックオプション付与を前提に入社しているケースの場合，一定の配慮が必要と考えられます。

(4) 実務上よく見受けられる付与額・付与方法

　従業員に対しては，株式上場後，株価が順調に上がった場合に，キャピタルゲインで手にする額が，マンションの頭金程度（400～500万円程度）になることを目安に，ストックオプションを付与している会社が多いようです。

　ストックオプションの付与数は，少額過ぎても多額過ぎてもよくありません。ストックオプションの付与数が少なすぎるとインセンティブとして機能しませんし，また多すぎると株価に一喜一憂して，仕事が手につきません。バランスが大事です。

　ストックオプションを付与された役員・従業員のキャピタルゲインは，以下の算式で求められます。

$$
\begin{pmatrix} 役員・従業員 \\ のストックオ \\ プションによ \\ るキャピタル \\ ゲイン \end{pmatrix} = \begin{pmatrix} 株式上場後 \\ の想定株価 \end{pmatrix} - \begin{pmatrix} ストックオ \\ プション行 \\ 使価格 \end{pmatrix} \times 付与数 \times \begin{pmatrix} 1 - \begin{pmatrix} 株式譲渡 \\ 所得に関 \\ する税率 \end{pmatrix} \end{pmatrix}
$$

　株式上場であまりにも高額なキャピタルゲインを一時に従業員が手にした場合，長期間にわたってインセンティブを持続させることが困難となり，上場後すぐに会社を退職してしまうケースもあります。

　したがって，付与したストックオプションを一時に権利行使させるのではなく，一定期間をかけて段階的に権利行使させるように設計します。

11. ストックオプションの権利行使価額

　ストックオプションの権利行使価額は，ストックオプション発行直前の株価に5～10％程度のプレミアムを乗せた価額が多いようです（ストックオプションは，業績向上へのインセンティブとして付与されるためです）。

　なお，ストックオプションの権利行使価額は，株式上場申請書類におい

て開示が求められます。また，監査法人や主幹事証券会社審査でもストックオプション行使価額の算定根拠を質問されます。さらには，税法上の税制適格要件を充足するためにも算定根拠の準備は必要です。

ストックオプション発行時点の株価を大きく下回る権利行使価額で発行することは上場準備上も税務上も問題となる恐れがあるのです。

したがって，ストックオプションの権利行使価額は，合理的に説明できる価額であることが要求されます。

株式上場直前の審査で無用なトラブルを招かないためにも，株価算定実務の経験豊富な公認会計士による「ストックオプション行使価額の算定書」を入手することが必要となります。

なお，この点で注意が必要なのは，ストックオプションの行使価額算定書を発行する公認会計士は，評価対象会社のストックオプションを付与されていないことが必要となります（また自社と利害関係のない顧問会計士に株価算定業務を依頼するのが望ましいでしょう）。評価者は，評価対象とは独立の第三者としての立場が要求されるためです。

12. 新株予約権の会計

(1) ストックオプションの会計

2005年12月27日に企業会計基準第8号「ストック・オプション等に関する会計基準」が公表されました。この基準によって，従業員等にストックオプションを付与した場合は原則として費用を計上することになりました。

ストックオプションの対価として従業員等は企業に追加的なサービスを提供し，企業がそれを消費していることから，費用を認識する必要があると考えられています。

「株式報酬費用」と「新株予約権」という勘定を用いて費用を計上します。「新株予約権」勘定は純資産の部の株主資本以外の項目の1つとして区分表示します。

> 費用計上額は付与日現在の公正な評価単価にストックオプション数を乗じた額となります。この公正な評価単価は，付与日現在で，株式オプション価格算定モデル（ブラック・ショールズ・モデル等）等の評価技法を用いて算定します。ストックオプション数は，付与日から権利確定日の直前までは，付与数から権利不確定による失効の見積数を差し引いて算定し，見積数に重要な変動が生じた場合には，ストックオプション数を見直します。

(2) 上場準備会社におけるストックオプション会計

　非上場企業の場合は，ストックオプションの公正な評価単価に代えて本源的価値の見積りに基づいて会計処理を行うことができます。

　本源的価値とは，測定時点で権利行使すると仮定した場合の価値で，(株価－行使価格)×オプション数量で求められます。

　すなわち，未上場企業の場合，<u>株価以上の権利行使価格であれば費用計上は不要</u>となります。

　ただし，社長の持株比率維持のため，社長に大量のストックオプションを発行（税制適格ストックオプションを活用できない）するようなケースで，有償時価発行ストックオプションスキームを用いる場合，ストックオプションの公正な評価単価を算出する必要があります。

　以下では，有償時価発行ストックオプションを発行した場合の仕訳を示します。

有償時価発行ストックオプション発行時の仕訳

資本政策の一環として募集新株予約権を発行することとした。

募集新株予約権の名称	第1回新株予約権
新株予約権の割当てを受ける者	代表取締役　○○　○○
発行する新株予約権の数	1,000個
新株予約権の発行の際の払込金額の有無	新株予約権1個1,000円（※）
行使価額	10,000円（※）

※新株予約権の発行の際の払込金額は，公認会計士に新株予約権の価値評価証明書の発行を依頼し，1個1,000円と評価された。また，行使価額も公認会計士の株価算定に基づき，10,000円に決定した。

代表取締役は，新株予約権払込金額100万円を支払った。

【会計処理】

　（借）現　金　預　金 1,000,000　　（貸）新　株　予　約　権 1,000,000

13．新株予約権の登記手続

(1) 登記申請書の作成手続

① 登記すべき事項

新株予約権発行につき登記すべき事項は，次に掲げる事項です（会社法911条3項12号）。

- イ　新株予約権の数
- ロ　新株予約権の目的である株式の数またはその算定方法
- ハ　新株予約権の行使に際して出資される財産の価額またはその算定方法
- ニ　金銭以外の財産をその新株予約権の行使に際してする出資の目的とするときは，その旨ならびにその財産の内容および価額
- ホ　新株予約権を行使することができる期間

> ヘ　新株予約権の行使条件を定めたときは，その条件
> ト　新株予約権について，一定の事由が生じたことを条件としてこれを取得することができることとするときは，その旨および条件
> チ　募集新株予約権と引換えに金銭の払込みを要しないこととする場合にはその旨
> リ　金銭の払込みを要する場合には，募集新株予約権の払込金額またはその算定方法　等

　これらの登記すべき事項は，磁気ディスク等に記録し，登記申請書の登記すべき事項欄には，「別添CD-R（またはFD）のとおり」と記載します（電磁的記録（CD-R，FD等）に記録し，提出する場合）。

② 登録免許税

登録免許税は，1件9万円となります。

③ 新株予約権発行登記申請書

新株予約権を発行した場合の登記事項を，次のとおり記載します。

株式会社変更登記申請書

1. 商　　号　　　　株式会社○○○
1. 本　　店　　　　東京都○○区○○丁目○番○号
1. 登記の事由　　　募集新株予約権の発行
1. 登記すべき事項　別添のCD-R（またはFD）のとおり
1. 登録免許税　　　　金9万円
1. 添付書類
　　株主総会議事録　　　　　　　　　　　1通
　　新株予約権の引受けの申込みを証する書面　1通
　　委任状　　　　　　　　　　　　　　　1通
上記のとおり登記の申請をします。

　　　　　　　　　平成○○年○○月○○日
　　　　　　　　　　　（本　店）　東京都○区○○丁目○番○号
　　　　　　　申　請　人　（商　号）　株式会社○○○
　　　　　　　　　　　（住　所）　東京都○○区○○丁目○○番○○号
　　　　　　　代表取締役　（氏　名）　○○　○○
　　　　　　　　　　　（住　所）　○○市○○区○○丁目○○番○○号
　　　　　　　上記代理人　（氏　名）　司法書士○○　○○㊞
　　　　　　　連絡先の電話番号
　　　　　　　東京法務局○○出張所　御中

登記申請書を司法書士に委任した場合には，委任状を添付します。
新株予約権の割当日から本店所在地で2週間以内に登記申請を行う必要があります（会社法915条1項）。

④ 磁気ディスクの入力例

```
「新株予約権の名称」
第○回新株予約権
「新株予約権の数」
○個
「新株予約権の目的たる株式の種類及び数又はその算定方法」
普通株式　○○株
「募集新株予約権の払込金額若しくはその算定方法又は払込を要しないとする旨」
無償
「新株予約権の行使に際して出資される財産の価額又はその算定方法」
　　　　　　○○○万円
「新株予約権を行使することのできる期間」
　　　　　　　　平成○○年○○月○○日まで
「新株予約権の行使の条件」
行使の条件は新株割当契約に定めるところによる。
「会社が新株予約権を取得することができる事由及び取得の条件」
当会社は，当会社の新株予約権について当会社が別に定める日が到来したときに，取得することができる。
```

14. 新株予約権の税務：税制適格ストックオプション

(1) ストックオプションは行使時に課税されるのが原則

　無償発行により発行されたストックオプションの取得者は，税法で定められる一定の要件を充足しないと，ストックオプションの権利行使時点で給与所得（累進課税）として課税されてしまいます。

(2) 税制適格ストックオプションの概要

　ストックオプションの権利行使時点で課税されてしまいますと，手元に資金がない状態（株式を売却する前）で多額の納税を強いられることになります。

　そこで，税制適格ストックオプションという税務上有利な制度が用意されています。

　税制適格ストックオプションとは，ストックオプションに関する課税を，株式売却時点まで繰り延べるものです。

　通常，社長を除く社内の役員・従業員に対するストックオプションの発行は，課税を繰り延べるために，この税制適格ストックオプションを利用するケースが多いようです。

(3) 税制適格ストックオプションの適用要件

　税制適格ストックオプションの発行価格は，無償で付与しなければなりません（実務上，役員・従業員に対するストックオプションは無償の場合が大半です）。

　付与対象者は，会社またはその子会社の取締役又は使用人等となります。ただし，大株主は除かれます。したがって，オーナー経営者に対しては，税制適格ストックオプションは活用できないケースが大半であることに留意する必要があります。

付与決議の日から2年間は，権利行使できません。年間権利行使限度額は，1,200万円までとなります。

権利行使価額は，契約締結時の時価以上（実務上，ストックオプション発行直前の株価に5〜10％程度プレミアムを付けることが多いようです）となっています。不当に低廉な株価では税務上のメリットは得られないのです。したがって，株価算定実務経験の豊富な公認会計士に株価算定を依頼するべきです。

権利行使期間は，付与決議の日から10年以内となっています。

なお，税制適格ストックオプションは，他人に譲渡することができません。

15. ストックオプションと就業規則

新株予約権は，「賃金」には該当しないと考えられますが，従業員の労働条件の一部になりますので，就業規則に新株予約権に関する規定を定めるべきです（労働基準法89条10号）。ただし，就業規則の頻繁な改定は煩雑であるため，就業規則本則に要旨を定め，詳細は別規定である新株予約権規程に定めることが望ましいでしょう。

就業規則におけるストックオプションに関する記載例は以下のとおりです。

第○章　ストックオプション

第○条　会社はストックオプション規程に基づいて一定の従業員にストックオプションを付与することがある。

第○条　ストックオプションの内容および権利行使条件は，株主総会決議，取締役会決議，および新株予約権契約書で定めるところによる。

第○条　会社は○条に定めるストックオプションを付与することを理由に賃金の減額をすることができない。

ストックオプション規程の一例は以下のとおりです。

ストックオプション規程

第1条（総則）
　このストックオプション規程は，新株予約権制度について定めます。

第2条（定義）
　この規程において「新株予約権制度」とは，社員・役員等に対し，事前に決められた行使価格で会社の株式を購入できる権利を与える制度をいいます。

第3条（目的）
　新株予約権制度を実施する目的は，次のとおりであります。
(1) 経営参画意識の向上を図ること
(2) 業績向上に対する意欲や士気を高めること

第4条（対象者）
　新株予約権制度の対象者は，次のとおりとします。
(1) 部長以上の管理職
(2) 取締役
(3) 営業職従業員
(4) 社外アドバイザー

第5条（権利行使価格）
　新株予約権の権利行使価格は，株主総会決議，取締役会決議，および新株予約権契約書で定めるところとします。

第6条（権利行使期間）
　新株予約権を行使しうる期間は，株主総会決議，取締役会決議，および新株予約権契約書で定めるところとします。

第7条（新株予約権の消滅）
　新株予約権の割当てを受けた者が次のいずれかに該当するときは，新株予約権の権利は消滅します。

(1) 会社を退職したとき
(2) 権利行使期間中に権利を行使しなかったとき
第8条（譲渡制限）
　新株予約権を譲渡するには，取締役会の承認を要します。

附　則
第1条（施行年月日）
　この規程は，平成○○年○○月○○日から施行します。

参考　新株予約権に関する旧労働省通達

　改正商法による新株予約権制度では，権利付与を受けた労働者が権利行使を行うか否か，また権利行使するとした場合において，その時期や株式売却時期をいつにするかを労働者が決定するものとしていることから，この制度から得られる利益は，それが発生する時期及び額ともに労働者の判断に委ねられているため，労働の対償ではなく，労働基準法第11条の賃金には当たらないものである。
　したがって，改正商法による新株予約権の付与，行使等に当たり，それを就業規則等に予め定められた賃金の一部として取り扱うことは，労働基準法第24条に違反するものである。
　なお，改正商法による新株予約権制度から得られる利益は，労働基準法第11条に規定する賃金ではないが，労働者に付与される新株予約権は労働条件の一部であり，また，労働者に対して当該制度を創設した場合，労働基準法第89条第1項第10号の適用を受けるものである。

5 種類株式，複数議決権株式，みなし清算条項，株主間契約

1. 種類株式の内容

　種類株式とは，普通株式とは定款で定めた権利内容の異なる株式です。

　この種類株式は，資本政策の手法としても活用が可能です。例えば，会社設立間もない段階で，普通株式と全部取得条項付株式を定款に定めます。創業時からの経営幹部には普通株式を発行し，設立以後に入社する一般社員には，全部取得条項付種類株式を発行します。設立以後に入社した一般社員が成長し，自社の中核社員となった暁には，全部取得条項付株式を取得し，その代わりに普通株式を発行することが可能となります。

　なお，複数回の資金調達を行う場合，投資家からの各資金調達のことを「ラウンド」と呼びます。

　各ラウンドで発行される種類株式をA種類株式・B種類株式と呼び，各ラウンドをシリーズAラウンド，シリーズBラウンドと呼びます。

　種類株式（ここでは全部取得条項付株式のケース）にかかわる定款記載例は以下のとおりです。

（議決権）
第○条　○種株主は，株主総会において議決権を有しない。
（全部取得条項）
第○条　当会社は，株主総会の特別決議をもって，○種株式の全部につき取得することができるものとする。なお，この場合の取得の対価は，当会社の普通株式とする。
　2．前号の場合，当会社は，○種株主ごとに当該○種株主が保有する○種株

式1株につき，転換比率を乗じた数の普通株式を発行して割り当てる。なお，普通株式への転換にあたって1株未満の端数が生じた場合は，これを切り捨てるものとし，この端数処理は，○種株主ごとに計算の上行われるものとする。

3．転換比率は1とし，適時適切に調整する。
4．○種普通株式発行後，当会社が，普通株式について株式分割または株式併合を行う場合，次の算式により転換比率を調整するものとする。転換比率の調整に際しての端数が生じた場合は，小数第3位まで算出し，小数第3位を四捨五入する。

調整後転換比率＝調整前転換比率×分割・併合の比率

分割の比率とは，株式分割後の普通株式発行済株式総数を株式分割前の普通株式発行済株式総数で除した数とする。併合の比率とは，株式併合後の普通株式発行済株式総数を株式併合前の普通株式発行済株式総数で除した数とする。

議決権を制限するような種類株式をベンチャーキャピタルに発行することは通常考えられません。ベンチャーキャピタルが経営者に比べて有利な権利が付された種類株式を発行することはあっても，その逆のパターンは通常あり得ません。

前述のように種類株式は，剰余金の配当・残余財産の分配について他の株式と異なる定めをした内容の株式です。

会社法では，定款で定めることにより，普通株式の権利とは異なった，以下の内容の種類株式を発行することができます。

1．剰余金の配当（会108①一）	配当優先株，配当劣後株などといい，剰余金の配当について，優先権がある種類株式。
2．残余財産の分配（会108①二）	残余財産の分配について優先権がある

	種類株式。
3. 議決権の制限（会108①三）	株主総会の議題について議決権を制限する種類株式。
4. 株式の譲渡制限（会108①四）	譲渡による株式取得について，会社の承認を要する種類株式。
5. 取得請求権付種類株式（会108①五）	株主の方から会社に対して，株式の取得を請求できる種類株式。
6. 取得条項付種類株式（会108①六）	一定の事由が発生すると会社が株主から強制的に株式を取得できる種類株式。
7. 全部取得条項付種類株式（会108①七）	会社が株主総会決議によって，種類株式の全部を取得できる。
8. 拒否権付株式（会108①八）	いわゆる黄金株式。一定の事項についての拒否権を持つ株式。
9. 役員選任権付株式（会108①九）	取締役・監査役を選任できる株式。

2. 議決権制限種類株式の株主総会議事録

　議決権制限株式とは，株主総会の全部または一部について議決権を行使することができない株式をいいます。

臨時株主総会議事録

　平成○○年○月○日○○時から，当会社本店会議室において臨時株主総会を開催した。
　　当会社の株主総数　　○○名
　　発行済株式の総数　　○○株

総株主の議決権の数　○○個
　出席株主の有する議決権の総数　○○個

　以上のとおり総株主の議決権の全部に相当する株式を有する株主が出席したので，この株主総会は適法に成立した。定款の規定により，代表取締役○○は選ばれて議長となり，議長席に着き，開会を宣し，直ちに議事に入った。
第1号議案　定款一部変更の件
　議長は，下記の要領で種類株式発行に関する定めを置くため，定款を下記のとおり変更したい旨を述べ，その理由を詳細に説明した。
　議長がその賛否を諮ったところ，満場一致をもってこれを承認可決した。
記
（発行可能種類株式総数）
第○○条　当会社の発行可能種類株式総数は，普通株式○○株，○○種株式○○株とする。
（各種類の株式の内容）
第○○条　○○種株式は，法令による別段の定めがある場合を除き，株主総会における一切の議決権を有しないものとする。
　なお，前文を追加し，第○条以下を○条ずつ繰り下げる。

　以上をもって本日の議事を終了したので，この議事録を作成し，○○時○○分に散会した。
　上記決議を明確にするため，この議事録を作成し，議長および出席取締役は次に記名・押印する。

　　　　　　　　　　　　　　　株式会社○○　臨時株主総会
　　　　　　　　　　　　　　　　議長・代表取締役　○○　○○　㊞
　　　　　　　　　　　　　　　　出席取締役　○○　○○　㊞
　　　　　　　　　　　　　　　　　　同　　　○○　○○　㊞
　　　　　　　　　　　　　　　　　　同　　　○○　○○　㊞

3. 譲渡制限種類株式の株主総会議事録

譲渡制限株式とは，定款の定めにより，全ての株式または一部の種類の株式について，その譲渡につき会社の承認を必要とする株式をいいます。

臨時株主総会議事録

1. 日　　時：平成○年○月○日
　　　　　　午前○○時○○分から午前○○時○○分
2. 場　　所：当会社本店会議室
3. 出 席 者：発行済株式総数　　　　　　　　○○○株
　　　　　　議決権を行使することができる株主数　○○名
　　　　　　議決権の数　　　　　　　　　　○○○個
　　　　　　本日出席株主数（委任状出席者を含む）　○○名
　　　　　　この議決権の個数　　　　　　　○○○個
4. 議　　長：代表取締役　　○○　○○
5. 出席取締役：取 締 役　　○○　○○
　　　　　　　：取 締 役　　○○　○○
　　　　　　　：取 締 役　　○○　○○

　上記のとおり定足数に足る株主の出席があったので，本総会は適法に成立した。よって代表取締役○○　○○は議長席に着き，開会を宣し，議事に入った。

議案　定款一部変更の件

　議長は，当会社の発行可能株式総数は現在普通株式であるが，新たに種類株式発行に関する定めを置くため，定款を次のとおり変更したい旨を述べ，その理由を詳細に説明した。

議長がその賛否を議事に諮ったところ，満場一致をもって，下記のとおりこれを承認可決した。

記

(発行可能種類株式総数)

第○条　当会社の発行する種類株式総数は，以下のとおりとする。

　普通株式○○○○株

　A種類株式○○○○株

(A種類株式)

第○条の2

① 譲渡制限種類株式

　　A種類株式を譲渡により取得するには，取締役会の承認を受けなければならない。

　　なお前文を追加し，第○条以下を○条ずつ繰り下げる。

以上をもって本日の議事が終了したので，議長は閉会を宣した。

上記決議を明確にするため，本議事録を作成し，議長および出席取締役が次に記名押印する。

　　　　　　　　　　　　　平成○年○月○日
　　　　　　　　　　　　　株式会社○○○臨時株主総会
　　　　　　　　　　　　　　議長　代表取締役　○○　○○　㊞
　　　　　　　　　　　　　　　　　出席取締役　○○　○○　㊞
　　　　　　　　　　　　　　　　　出席取締役　○○　○○　㊞
　　　　　　　　　　　　　　　　　出席取締役　○○　○○　㊞

4．取得請求権付種類株式の株主総会議事録

　取得請求権付株式とは，株主がその株式について，会社に取得を請求できる株式をいいます。

臨時株主総会議事録

1. 日　　　時：平成○年○月○日
　　　　　　　午前○○時00分から午前○○時00分
2. 場　　　所：当会社本店会議室
3. 出 席 者：発行済株式総数　　　　　　　　　　○○○株
　　　　　　　この議決権を有する総株主数　　　　○○名
　　　　　　　この議決権の数　　　　　　　　　　○○○個
　　　　　　　本日出席株主数（委任状出席者を含む）　○○名
　　　　　　　この議決権の個数　　　　　　　　　○○○個
4. 議　　　長：代表取締役　　○○　○○
5. 出席取締役：取 締 役　　○○　○○

　上記のとおり定足数に足る株主の出席があったので，本総会は適法に成立した。よって代表取締役議長○○　○○は開会を宣し，直ちに議事に入った。

議案　定款一部変更の件

　議長は当会社の発行可能株式総数は現在普通株式であるが，新たに種類株式発行に関する定めを置くため，定款を以下のとおり変更したい旨を述べ，その理由を詳細に説明した。

　議長がその賛否を議場に諮ったところ，満場一致をもって下記のとおりこれを承認可決した。

（発行可能種類株式総数）
第○条　当会社の発行する種類株式総数は，以下のとおりとする。
　普通株式○○○○株
　A種類株式○○○○株
（A種類株式）

第○条の2
　① 取得請求権付種類株式
　　　A種類株式を有する株主はその所有する株式を，第2項に定める期間内に，会社に対して取得することを請求することができる。
　② 前項の取得請求することができる期間は，平成○○年○月○日から平成○○年○○月○○日までとする。
　　　なお，前文を追加し，第○条以下を○条ずつ繰り下げる。

以上をもって本日の議事が終了したので，議長は閉会を宣した。
上記決議を明確にするため，本議事録を作成し，議長および出席取締役が次に記名押印する。

　　　　　　　　　　　　平成○年○月○日
　　　　　　　　　　　　株式会社○○○臨時株主総会
　　　　　　　　　　　　　議長　代表取締役　○○　○○　㊞
　　　　　　　　　　　　　　　　出席取締役　○○　○○　㊞
　　　　　　　　　　　　　　　　出席取締役　○○　○○　㊞
　　　　　　　　　　　　　　　　出席取締役　○○　○○　㊞

5. 取得条項付種類株式の株主総会議事録

　取得条項付株式とは，会社が一定の事由が生じたことを条件として，株主から株式を取得することができる株式をいいます。

臨時株主総会議事録

1．日　　時：平成○年○月○日
　　　　　　午前○○時00分から午前○○時00分
2．場　　所：当会社本店会議室

3. 出 席 者：発行済株式総数　　　　　　　　　　　○○○株
　　　　　　この議決権を有する総株主数　　　　　○○名
　　　　　　この議決権の数　　　　　　　　　　　○○○個
　　　　　　本日出席株主数（委任状出席者を含む）　○○名
　　　　　　この議決権の個数　　　　　　　　　　○○○個
4. 議　　長：代表取締役　　○○　○○
5. 出席取締役：取　締　役　　○○　○○

　上記のとおり定足数に足る株主の出席があったので，本総会は適法に成立した。よって代表取締役議長○○　○○は開会を宣し，直ちに議事に入った。

議案　定款一部変更の件

　議長は当会社の発行可能株式総数は現在普通株式であるが，新たに種類株式発行に関する定めを置くため，定款を以下のとおり変更したい旨を述べ，その理由を詳細に説明した。

　議長がその賛否を議場に諮ったところ，満場一致をもって下記のとおりこれを承認可決した。

（発行可能種類株式総数）
第○条　当会社の発行する種類株式総数は，以下のとおりとする。
　普通株式○○○○株
　A種類株式○○○○株

（A種類株式）
第○条の2
　① 取得条項付種類株式
　　　A種類株式については，普通株式が証券取引所に上場されることが決定した場合に，上場日後1ヵ月間で取締役会が定める日に，当会社が取得することができる。この場合の取得対価として現金を交付する。

以上をもって本日の議事が終了したので，議長は閉会を宣した。
　上記決議を明確にするため，本議事録を作成し，議長および出席取締役が次に記名押印する。

平成〇年〇月〇日
株式会社〇〇〇臨時株主総会
議長　代表取締役　　〇〇　〇〇　㊞
　　　出席取締役　　〇〇　〇〇　㊞
　　　出席取締役　　〇〇　〇〇　㊞
　　　出席取締役　　〇〇　〇〇　㊞

6. 総会決議による会社株式を全部取得できる種類株式の株主総会議事録

　全部取得条項付株式とは，会社が株主総会の特別決議により，その全部を取得することができる株式をいいます。

臨時株主総会議事録

1. 日　　　時：平成〇年〇月〇日
　　　　　　　午前〇〇時00分から午前〇〇時00分
2. 場　　　所：当会社本店会議室
3. 出　席　者：発行済株式総数　　　　　　　　　　〇〇〇株
　　　　　　　この議決権を有する総株主数　　　　〇〇名
　　　　　　　この議決権の数　　　　　　　　　　〇〇〇個
　　　　　　　本日出席株主数（委任状出席者を含む）〇〇名
　　　　　　　この議決権の個数　　　　　　　　　〇〇〇個
4. 議　　　長：代表取締役　　〇〇　〇〇

5. 出席取締役：取 締 役　　○○　○○

　上記のとおり定足数に足る株主の出席があったので，本総会は適法に成立した。よって代表取締役議長○○　○○は開会を宣し，直ちに議事に入った。

議案　定款一部変更の件

　議長は当会社の発行可能株式総数は現在普通株式であるが，新たに種類株式発行に関する定めを置くため，定款を以下のとおり変更したい旨を述べ，その理由を詳細に説明した。

　議長がその賛否を議場に諮ったところ，満場一致をもって下記のとおりこれを承認可決した。

（発行可能種類株式総数）
第○条　当会社の発行する種類株式総数は，以下のとおりとする。
　普通株式○○○○株
　Ａ種類株式○○○○株
（Ａ種類株式）
第○条の2
　① 全部取得条項付種類株式
　　　当会社は，株主総会の特別決議によってＡ種類株式の全部について，取得することができる。
　　　会社が甲種類株式を有する株主に対して前項の請求をした場合には，甲種類株主を有する株主は，その対価としてＡ種類株式1株に対し，新たに発行する普通株式1株とする。

　以上をもって本日の議事が終了したので，議長は閉会を宣した。
　上記決議を明確にするため，本議事録を作成し，議長および出席取締役が次に記名押印する。

平成○年○月○日

株式会社○○○臨時株主総会
議長　代表取締役　○○　○○　㊞
出席取締役　○○　○○　㊞
出席取締役　○○　○○　㊞
出席取締役　○○　○○　㊞

7. 黄金株式の株主総会議事録

　黄金株式とは，株主総会または取締役会において決議すべき事項のうち，その株主総会の決議のほか，種類株式の株主を構成員とする種類株主総会の決議を必要とする旨の定めが設けられている（拒否権が認められた）株式をいいます。

臨時株主総会議事録

1. 日　　　時：平成○年○月○日
　　　　　　　午前○○時00分から午前○○時00分
2. 場　　　所：当会社本店会議室
3. 出　席　者：発行済株式総数　　　　　　　　○○○株
　　　　　　　この議決権を有する総株主数　　　○○名
　　　　　　　この議決権の数　　　　　　　　　○○○個
　　　　　　　本日出席株主数（委任状出席者を含む）　○○名
　　　　　　　この議決権の個数　　　　　　　　○○○個
4. 議　　　長：代表取締役　　○○　○○
5. 出席取締役：取　締　役　　○○　○○

　上記のとおり定足数に足る株主の出席があったので，本総会は適法に成立した。よって代表取締役議長○○　○○は開会を宣し，直ちに議事に入った。

議案　定款一部変更の件

　議長は当会社の発行可能株式総数は現在普通株式であるが，新たに種類株式発行に関する定めを置くため，定款を以下のとおり変更したい旨を述べ，その理由を詳細に説明した。

　議長がその賛否を議場に諮ったところ，満場一致をもって下記のとおりこれを承認可決した。

(発行可能種類株式総数)

第○条　当会社の発行する種類株式総数は，以下のとおりとする。

　　普通株式○○○○株

　　Ａ種類株式○○○○株

(Ａ種類株式)

第○条の2

　①　Ａ種類株主総会による承認決議が必要な場合

　　　当会社が合併，株式交換，株式移転を行う場合においては，Ａ種類株式の株主の種類株主総会の決議を経なければならない。

　以上をもって本日の議事が終了したので，議長は閉会を宣した。

　上記決議を明確にするため，本議事録を作成し，議長および出席取締役が次に記名押印する。

　　　　　　　　　　　　　平成○年○月○日

　　　　　　　　　　　　　株式会社○○○臨時株主総会

　　　　　　　　　　　　　　　議長　代表取締役　○○　○○　㊞

　　　　　　　　　　　　　　　　　　出席取締役　○○　○○　㊞

　　　　　　　　　　　　　　　　　　出席取締役　○○　○○　㊞

　　　　　　　　　　　　　　　　　　出席取締役　○○　○○　㊞

8. 役員選任権のある種類株式の株主総会議事録

　役員選任権のある種類株式とは，その種類の株式の種類株主を構成員とする種類株主総会において，取締役または監査役を選任することのできる株式をいいます。

臨時株主総会議事録

1. 日　　　時：平成○年○月○日
　　　　　　　午前○○時00分から午前○○時00分
2. 場　　　所：当会社本店会議室
3. 出　席　者：発行済株式総数　　　　　　　　○○○株
　　　　　　　この議決権を有する総株主数　　　○○名
　　　　　　　この議決権の数　　　　　　　　○○○個
　　　　　　　本日出席株主数（委任状出席者を含む）　○○名
　　　　　　　この議決権の個数　　　　　　　○○○個
4. 議　　　長：代表取締役　　○○　○○
5. 出席取締役：取　締　役　　○○　○○

　上記のとおり定足数に足る株主の出席があったので，本総会は適法に成立した。よって代表取締役議長○○　○○は開会を宣し，直ちに議事に入った。

議案　定款一部変更の件

　議長は当会社の発行可能株式総数は現在普通株式であるが，新たに種類株式発行に関する定めを置くため，定款を以下のとおり変更したい旨を述べ，その理由を詳細に説明した。

　議長がその賛否を議場に諮ったところ，満場一致をもって下記のとおりこれを承認可決した。

(発行可能種類株式総数)
第○条　当会社の発行する種類株式総数は，以下のとおりとする。
　　普通株式○○○○株
　　Ａ種類株式○○○○株
(Ａ種類株式)
第○条の2
　① 取締役および監査役の選任
　　　普通株式の株主は，種類株主総会において，定款所定の定数のうち○名の取締役と○名の監査役を選任する。
　　　Ａ種類株式の株主は，その種類株主総会において取締役○名および監査役○名を選任する。

　以上をもって本日の議事が終了したので，議長は閉会を宣した。
　上記決議を明確にするため，本議事録を作成し，議長および出席取締役が次に記名押印する。

　　　　　　　　　　　平成○年○月○日
　　　　　　　　　　　株式会社○○○臨時株主総会
　　　　　　　　　　　　議長　代表取締役　○○　○○　㊞
　　　　　　　　　　　　　　　出席取締役　○○　○○　㊞
　　　　　　　　　　　　　　　出席取締役　○○　○○　㊞
　　　　　　　　　　　　　　　出席取締役　○○　○○　㊞

9. 複数議決権株式

　株式譲渡制限会社においては，①剰余金の配当を受ける権利，②残余財産の分配を受ける権利，③株主総会の議決権，に関して会社法109条2項において，株主ごとに異なる取扱いを行う旨を定款で定めることができます（属人的株式の規定）。

属人的株式は，会社法108条の種類株式とは異なり，株式の内容は同一なので登記簿謄本（履歴事項全部証明書）には記載されませんが，定款に定めることが必要となります。

2014年3月26日に介護用ロボットスーツの研究開発を行うサイバーダイン社がマザーズに上場しました。

普通株式の10倍の議決権がある種類株式を経営者が保有し，上場後も約90％の支配権を確保するスキームです。

アメリカでは，フェイスブック等のIT企業で活用されるスキームですが，国内では初めての事例です。

「当社は上場する普通株式と比較して，剰余金の配当及び残余財産の分配については同一の権利を有しますが，単元株式数について異なるB種類株式を設けております。普通株式の単元株式数を100株とし，B種類株式の単元株式数を10株とすることにより，B種類株式を有する株主（以下「B種株主」といいます。）が有する議決権の数は同数の普通株式を有する株主（以下「普通株主」といいます。）に比べて10倍となります。」（サイバーダイン㈱目論見書P 4）

10. 優先株式とみなし清算条項とEXIT

会社が第三者に買収される際に，分配される財産のうち，優先株主に対して一定額が優先的に分配される条項を規定した種類株式が利用されてきています。

みなし清算条項には，ベンチャーキャピタルが引き受けた価格を下回るEXIT（創業社長のみがキャピタルゲインを得るようなバイアウト）を余儀なくされることを回避する効果を持ちます。

さらに，ベンチャーキャピタルが投資額の2倍，3倍を優先的に分配されるMLP（multiple liquidation preference）という条項が利用されるケースもあります。

11. 株主間契約

会社法上の規定ではなく，株主間契約等で株主の地位を定めることがあります。

(1) 希薄化防止条項

優先株式を発行している場合，新規の増資において，前の増資時の発行価額よりも低い価額で株式が発行される場合，既存株主の持分比率の希薄化を緩和する権利です。

(2) 先買権 (rights of first refusal)

経営陣が所有する株式を売却しようとする場合などにおいて，それ以外の株主が通知を受け，売却対象となっている株式を買い取る機会を与えられる権利です。

投資家の持株比率の不当な引き下げ防止に役立ちます。

(3) ドラッグ・アロング・ライト (drag-along rights)

自らが株式を売却する場合に，他株主に対して全ての所有株式を自らと同じ条件で定められた相手先に売却することを強制できる権利です。

(4) 共同売却権 (co-sale rights)

既存株主が先買権を行使せず，経営陣による株式売却を認めた場合，投資家等の既存株主がその保有株式の一部を経営陣と同じ条件で第三者に売却できる権利です。

経営者の売り逃げ防止条項です。

6　自己株式（金庫株）

　自己株式を活用することで，意見の相違する株主から株式を買い取ることができます。自己株式の取得限度額は，剰余金の分配可能額の範囲内とされます。なお，この場合の剰余金はその他利益剰余金に限定されず，その他資本剰余金も含まれます。

　非上場会社で定款に譲渡制限のある会社では，経営陣と意見が相違する株主から株式を買い取ることができます。

　例えばベンチャーキャピタルとの意見衝突で，会社がベンチャーキャピタルから株式を買い取るようなケースが見受けられます。

　株式の買取価格については，投資契約書上，定められている場合がありますが，交渉によって買取価格は上下する場合もあります。私の知っているケースでも，投資時株価や直近株価で買い取ったケースもあれば，投資時の1割程度で買い取ったケースもあります。

1．株主との合意による取得

　株式会社が株主との合意により自己株式を取得するには，株主総会の普通決議が必要となります。

　株主総会（臨時株主総会決議で可能）において，自己株式取得に関する下記事項の決議を行う（会社法156条1項）。
　イ　取得する株式の数
　ロ　株式を取得するのと引換えに交付する金銭等
　ハ　株式を取得することができる期間（この期間は，1年を超えることができません）
　⇩

> 　取締役（取締役会設置会社にあっては取締役会）で自己株式取得に関して下記の決定（取締役会設置会社にあっては決議）を行う（自己株式を取得しようとするときは，その都度）（会社法157条1項・2項）。
> 　a　取得する株式の数
> 　b　株式1株を取得するのと引換えに交付する金銭等の内容および数もしくは額またはこれらの算定方法
> 　c　株式を取得するのと引換えに交付する金銭等の総額
> 　d　株式の譲渡しの申込みの期日
> 　⇩
> 取締役会決議の下記内容を株主に通知（会社法158条1項）。
> 　a　取得する株式の数
> 　b　株式1株を取得するのと引換えに交付する金銭等の内容および数もしくは額またはこれらの算定方法
> 　c　株式を取得するのと引換えに交付する金銭等の総額
> 　d　株式の譲渡しの申込みの期日
> ※公開会社においては，株主への通知は公告で代用することができます（会社法158条2項）。

2. 株主との合意による取得の株主総会議事録

　会社が株主との合意により自己株式を有償で取得する場合には，株主総会の決議（臨時株主総会でもよいが，普通決議が要件）によって，取得する株式の数，株式を取得するのと引換えに交付する金銭等を定めなければなりません。

> 　　　　　　　　　　臨時株主総会議事録
>
> 　1．日　　時：平成〇年〇月〇日

                    午前○○時00分から午前○○時00分
2. 場　　所：当会社本店会議室
3. 出　席　者：発行済株式総数　　　　　　　　　　○○○株
　　　　　　　この議決権を有する総株主数　　　　　○○名
　　　　　　　この議決権の数　　　　　　　　　　○○○個
　　　　　　　本日出席株主数（委任状出席者を含む）　○○名
　　　　　　　この議決権の個数　　　　　　　　　○○○個
4. 議　　長：代表取締役　　○○　○○
5. 出席取締役：取　締　役　　○○　○○
　上記のとおり定足数に足る株主の出席があったので，本総会は適法に成立した。よって代表取締役議長○○　○○は開会を宣し，直ちに議事に入った。

           議案　自己株式取得に関する件
　議長は，本議案について，株主との合意により下記のとおり当社の株式を有償で取得したい旨を述べ，議長がその賛否を議場に諮ったところ，満場一致をもって下記のとおりこれを承認可決した。

                     記
1. 取得する株式の種類・数　普通株式　　○○株
2. 　1株当たりの取得価額　　金○○○○円
3. 　取得価額の総額　　金○○○万円
4. 　取得期間　　平成○年○月○日から平成○年○月○日まで

　以上をもって本日の議事が終了したので，議長は閉会を宣した。
　上記決議を明確にするため，本議事録を作成し，議長および出席取締役が次に記名押印する。

                      平成○年○月○日
                      株式会社○○○臨時株主総会
                        議長　代表取締役　○○　○○　㊞

	出席取締役	○○	○○	印
	出席取締役	○○	○○	印
	出席取締役	○○	○○	印

3. 株主との合意による取得の取締役会議事録

　株主との合意による自己株式の取得は，株主総会の普通決議に基づき，取締役会決議により，取得の都度，取得する株式の数，株式1株を取得するのと引換えに交付する金銭等の内容および数もしくは額またはこれらの算定方法，株式を取得するのと引換えに交付する金銭等の総額，株式の譲渡しの申込期日を定めることになります。

取締役会設置会社の場合

取締役会議事録

　平成○年○月○日午前○時○○分，当会社本店会議室において，取締役会を開催した。
　定刻○○時，代表取締役○○○○は議長席につき，開会を宣言するとともに，過半数以上に当たる取締役の出席があったので，本取締役会は適法に成立した旨を告げて，議案審議に入った。
　　取締役　総数　　　　○名
　　出席取締役数　　　　○名
　　出席監査役数　　　　○名

議案　株主との合意に基づく自己株式取得の件

　議長からは，平成○年○月○日開催された臨時株主総会において決議された自己株式を取得したい旨提案があり，議長がこれを諮ったところ，全員異議なく承認可決した。

記
1. 取得する株式の数　普通株式　　○○株
2. １株当たりの取得価額　　金○万円
3. 取得価額総額　　金○○万円
4. 取得期間　　　　平成○年○月○日から平成○年○月○日まで

　以上をもって全議案の審議ならびに報告が終了したので，議長は午前○時○○分閉会を宣言した。
　上記議事の経過および決議を明確にするため，本議事録を作成し，出席取締役および監査役が次に記名押印する。

　　　　　　　　　　　平成○年○月○日
　　　　　　　　　　　株式会社○○○取締役会
　　　　　　　　　　　　議長　代表取締役　○○　○○　㊞
　　　　　　　　　　　　　　　出席取締役　　○○　○○　㊞
　　　　　　　　　　　　　　　出席取締役　　○○　○○　㊞
　　　　　　　　　　　　　　　出席監査役　　○○　○○　㊞

4．特定の株主からの取得

　株式会社は株主総会の特別決議によって特定の株主から自己株式を取得することができます。

　株主総会特別決議において，自己株式取得に関する下記事項の決議を行う（会社法156条１項）。
　　イ　取得する株式の数
　　ロ　株式を取得するのと引換えに交付する金銭等
　　ハ　株式を取得することができる期間（この期間は，１年を超えることができません）

※この株主総会においては，特定の株主は議決権を行使することができません。

⇩

株主に対する通知（会社法160条2項）。

原則として株主総会の2週間前までに，株主全員に対して，売主追加請求権（特定の株主に自己を加えたものを株主総会の議案とすることの請求）を行使できる旨を通知しなければなりません（会社法160条2項）。

5. 特定の株主からの取得の株主総会議事録

会社が株主との合意により自己株式を有償取得する場合で特定株主から自己株式を取得する場合には，株主総会の決議によらなければなりません。

臨時株主総会議事録

1. 日　　時：平成○年○月○日
　　　　　　午前○○時00分から午前○○時00分
2. 場　　所：当会社本店会議室
3. 出 席 者：発行済株式総数　　　　　　　　　○○○株
　　　　　　この議決権を有する総株主数　　　　○○名
　　　　　　この議決権の数　　　　　　　　　　○○○個
　　　　　　本日出席株主数（委任状出席者を含む）　○○名
　　　　　　この議決権の個数　　　　　　　　　○○○個
4. 議　　長：代表取締役　　○○　○○
5. 出席取締役：取 締 役　　○○　○○

上記のとおり定足数に足る株主の出席があったので，本総会は適法に成立した。よって代表取締役議長○○　○○は開会を宣し，直ちに議事に入った。

議案　特定の株主からの自己株式取得の件

　議長は，本議案について，下記のとおり特定の株主から自己株式を取得する必要がある旨を詳細に説明した。

　次いで，議長は本議案の賛否を諮ったところ，出席株主の議決権の大多数（議決権行使書による賛成株主〇〇名，その議決権数〇〇個を含む）の賛成を得たので，本議案は原案どおり可決された。

　よって，議長は，下記のとおり可決された旨を宣した。なお，株主〇〇〇〇氏は会社法第160条第4項の規定により議決権を行使しなかった。

記

1. 取得する株式の種類・数　普通株式　　〇〇株
2. 1株当たりの取得価額　　金〇〇〇〇円
3. 取得価額の総額　　金〇〇〇万円
4. 取得期間　　平成〇年〇月〇日から平成〇年〇月〇日まで
5. 会社法第160条第1項の規定により通知を行う株主　〇〇　〇〇氏

　以上をもって本日の議事の全てを終了したので，議長は閉会を宣した。
　この決議を明確にするため，代表取締役社長〇〇　〇〇が本議事録を作成し，議事録作成者および出席取締役が次に記名押印する。

　　　　　　　　　　　平成〇年〇月〇日
　　　　　　　　　　　株式会社〇〇〇臨時株主総会
　　　　　　　　　　　　　議長　代表取締役　〇〇　〇〇　㊞
　　　　　　　　　　　　　　　　出席取締役　〇〇　〇〇　㊞
　　　　　　　　　　　　　　　　出席取締役　〇〇　〇〇　㊞

6. 特定の株主からの取得の取締役会議事録

　株主との合意により特定の株主からの自己株式取得は，株主総会の普通決議に基づき，取締役会決議により，「取得の都度，取得する株式の数，

株式1株を取得するのと引換えに交付する金銭等の内容および数もしくは額またはこれらの算定方法，株式を取得するのと引換えに交付する金銭等の総額，株式の譲渡しの申込期日」を定めることになります。

取締役会設置会社の場合

取締役会議事録

　平成〇年〇月〇日午前〇時〇〇分，当会社本店会議室において，取締役会を開催した。
　定刻〇〇時，代表取締役〇〇〇〇は議長席につき，開会を宣言するとともに，過半数以上に当たる取締役の出席があったので，本取締役会は適法に成立した旨を告げて，議案審議に入った。

　　　取締役　総数　　　　〇名
　　　出席取締役数　　　　〇名
　　　出席監査役数　　　　〇名

議案　株主との合意に基づく自己株式取得の件

　議長からは，平成〇年〇月〇日開催された臨時株主総会において決議された自己株式を取得したい旨提案があり，議長がこれを諮ったところ，全員異議なく承認可決した。

記

1. 取得する株式の種類・数　普通株式　　〇〇株
2. 1株当たりの取得価額　　金〇〇〇〇円
3. 取得価額の総額　　金〇〇〇万円
4. 取得期間　　平成〇年〇月〇日から平成〇年〇月〇日まで
5. 会社法第160条第1項の規定により通知を行う株主　〇〇　〇〇氏

　以上をもって全議案の審議ならびに報告が終了したので，議長は午前〇時

○○分閉会を宣言した。
　上記議事の経過および決議を明確にするため，本議事録を作成し，出席取締役および監査役が次に記名押印する。

平成○年○月○日
株式会社○○○取締役会
議長　代表取締役　○○　○○　㊞
出席取締役　○○　○○　㊞
出席取締役　○○　○○　㊞
出席監査役　○○　○○　㊞

7．自己株式の会計および税務

(1) 自己株式の取得

　自己株式を取得した場合には，取得原価をもって純資産の部の株主資本から控除します。期末に保有する自己株式は，純資産の部の株主資本の末尾に自己株式として一括して控除する形式で表示します。

――〔設　例〕――
未上場株式における相対で取得した自己株式に対応する純資産の部
　　貸借対照表純資産の部

資本金	100
資本準備金	100
繰越利益剰余金	20

発行済株式総数10株のうち，自己株式2株を50円で取得した。
法人株主の自己株式2株の帳簿価額は30とする。

(会計上の仕訳)

自己株式の取得については，取得原価を純資産の部から控除します。資産ではなく，資本の控除として取り扱うのです。

（借）自　己　株　式　　　50　（貸）現　金　預　金　　　50

(税務上の仕訳)

（借）資本金等の額　　　40　（貸）現　金　預　金　　　50
　　　利　益　積　立　金　　10

(税務上の仕訳)

税務上も資本の払戻しとして取り扱われ，資本金等から控除することになりますが，相対取引および公開買付けの場合には，資本金等の額からの払戻し分と利益積立金額からの払戻し分と区分することになります。

税務上は，自己株式取得時点で資本の払戻し（資本金等の額と利益積立金の減少）を行ったものとみなした処理を行います。

資本金等の額(100＋100)×取得株式数 2 ／発行済株式数10＝40

利益積立金額は，50円－40円＝10円となります。

（借）資本金等の額　　　40　（貸）自　己　株　式　　　50
　　　利　益　積　立　金　　10

別表五(一)

Ⅰ．利益積立金額の計算に関する明細書

区分	期首現在利益積立金額	減少	増加	差引翌期首現在利益積立金額
利益準備金				
〜				
自己株式			▲10	▲10

II．資本金等の額の計算に関する明細書

区分	期首現在資本金等の額	減少	増加	差引翌期首現在資本金等の額
資本金又は出資金	100			100
資本準備金	100			100
自己株式			▲40	▲40

（法人株主の仕訳）

　　（借）現 金 預 金　　　50　　（貸）投 資 有 価 証 券　　30
　　　　　　　　　　　　　　　　　　　　有 価 証 券 売 却 益　　10
　　　　　　　　　　　　　　　　　　　　み な し 配 当　　　　10

　有価証券売却益は，資本金等40－帳簿価額30＝10となります。

　みなし配当は，交付金銭50－資本金等40＝10となります。

（個人株主の仕訳）

　　（借）現 金 預 金　　　50　　（貸）投 資 有 価 証 券　　30
　　　　　　　　　　　　　　　　　　　　有 価 証 券 売 却 益　　10
　　　　　　　　　　　　　　　　　　　　み な し 配 当　　　　10

　譲渡所得は，資本金等40－帳簿価額30＝10となります。

　みなし配当は，交付金銭50－資本金等40＝10となります。

自己株式取得後の貸借対照表の純資産の部は以下のとおりとなります。

会計上の貸借対照表純資産の部	
資本金	100
資本準備金	100
繰越利益剰余金	20
自己株式	▲50

税務上の貸借対照表純資産の部	
資本金	100
資本準備金	100
資本金等の額	▲40
繰越利益剰余金	10
自己株式	0

(2) 自己株式の処分

　自己株式の処分は，新株発行と同様，株主との間の資本取引です。したがって，処分差額は，損益計算書には計上されず，直接純資産の部の項目が増減します。これは自己株式取得が資本取引であることから，自己株式処分についても資本取引と考えられるからです。

　自己株式処分差益は，その他資本剰余金に計上され，自己株式処分差損は，その他資本剰余金から減額されます。

───〔設 例〕───
　取得した自己株式2株を翌事業年度に60円で売却した。

① 売却（処分差益）のケース

（会計上の仕訳）

　　(借) 現 金 預 金　　　60　　(貸) 自 己 株 式　　　50
　　　　　　　　　　　　　　　　　　 その他資本剰余金　 10

　自己株式処分差益は，株式払込剰余金に準じてその他資本剰余金に計上します。

(税務上の仕訳)

　　(借)　現　金　預　金　　　60　　(貸)　資　本　金　等　の　額　　　60

　自己株式処分対価60円，自己株式の税務上の帳簿価額は0円なので，自己株式処分対価60円全額が資本金等の額の増加として処理されます。

自己株式処分後の貸借対照表の純資産の部は以下のとおりとなります。

会計上の貸借対照表純資産の部	
資本金	100
資本準備金	100
その他資本剰余金	10
繰越利益剰余金	20

税務上の貸借対照表純資産の部	
資本金	100
資本準備金	100
資本金等の額	20
繰越利益剰余金	10

別表五(一)
Ⅰ．利益積立金額の計算に関する明細書

区分	期首現在利益積立金額	減少	増加	差引翌期首現在利益積立金額
利益準備金				
〜				
自己株式	▲10		10	0
資本金等の額			▲10	▲10

　まず，自己株式処分により，自己株式取得に係る会計と税務の差異が解消されたので，別表五(一)で自己株式を取り崩します。

　次に，資本金等の額と利益積立金間での振替計上です。会計上の繰越利益剰余金20円に対して，税務上の資本金等の額が10円であるため，会計と税務との間で10円の差異が生じています。そこで別表五(一)で利益積立金額を10円減少させます。

II. 資本金等の額の計算に関する明細書

区分	期首現在資本金等の額	減少	増加	翌期首現在資本金等の額
資本金又は出資金	100			100
資本準備金	100			100
その他資本剰余金			10	10
自己株式	▲40		40	0
利益積立金額			10	10

　まず，自己株式処分により，自己株式取得に係る会計と税務の差異が解消されたので，別表五㊀で自己株式を取り崩します。

　次に，資本金等の額と利益積立金間での振替計上です。会計上その他の資本剰余金10円に対して，税務上の資本金等の額が20円であるため，会計と税務との間で10円の差異が生じています。そこで別表五㊀で資本金等の額を10円増加させます。

②　売却（処分差損）のケース

　　（借）現　金　預　金　　30　　（貸）自　己　株　式　　50
　　　　その他資本剰余金　　10
　　　　繰越利益剰余金　　　10

　自己株式処分差損は，資本剰余金（その他資本剰余金）の減額としますが，その他資本剰余金の残高以上の自己株式処分差損が生じた場合，マイナス部分については繰越利益剰余金から控除します。

(3)　自己株式の消却

　自己株式の消却は，原則として自己株式の帳簿価額とその他資本剰余金とを相殺します。その他資本剰余金がマイナス残高となる場合には，その他資本剰余金をゼロとし，マイナスの値を繰越利益剰余金から減額します。

7 株式分割

　株式分割とは会社の発行済株式を細分化して，従来よりも株式数を増加させることです。株式分割により発行済株式総数が増加したとしても会社の純資産，資本金等，持株比率には影響がありません。株式分割の効果としては，①株式を細分化することにより高くなった株価を引き下げ市場流動性を高めたり，②1株当たり配当を据え置くことで実質的な増配により既存株主へ利益還元を行ったりする目的で実施されます。

1. 株式分割のフローチャート

　取締役会設置会社における株式分割のフローチャートは以下のとおりです。

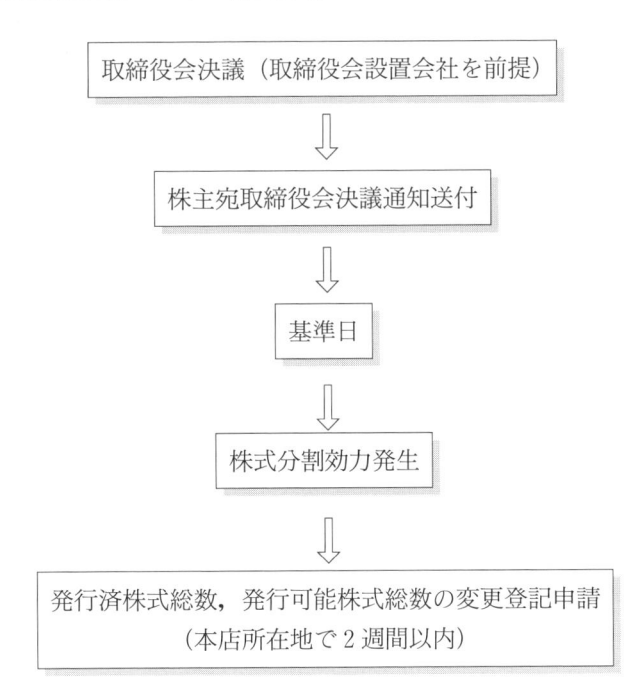

```
取締役会決議（取締役会設置会社を前提）
           ↓
株主宛取締役会決議通知送付
           ↓
        基準日
           ↓
     株式分割効力発生
           ↓
発行済株式総数，発行可能株式総数の変更登記申請
      （本店所在地で2週間以内）
```

2. 株式分割の取締役会議事録

株式分割は，株主には別段不利益を与えるものではありませんので，取締役会設置会社では取締役会の決議で分割することができます。

取締役会議事録

　平成○○年○○月○○日午前○○時○○分，当会社本店会議室において，取締役会を開催した。
　定刻に，代表取締役○○　○○は議長席につき，開会を宣言し，次のとおり定足数に足る取締役の出席があったので，本取締役会は適法に成立した旨を告げた。

　　取締役総数　　　　　　○○名
　　出席取締役数　　　　　○○名
　　出監査役数　　　　　　○○名

議案　株式分割および定款変更の件

　議長は，下記により株式を分割したい旨を述べ，その理由を詳細に説明し，議案につき慎重に協議した結果，全会一致をもってこれを可決確定した。

記

1. 平成○○年○○月○○日（○曜日）午後○○時○○分現在の株主名簿に記載されている株主の所有株式1株につき2株の割合をもって分割する。
2. 分割により増加する株式数　　○○株
3. 株式分割が効力を生ずる日　　平成○○年○○月○○日（○曜日）

　以上をもって本日の議事が終了したので，議長は午前○○時○○分閉会を宣言した。

上記決議を明確にするため，この議事録を作成し，出席取締役および監査役全員は，次に記名押印する。

　　　　　　　　　　　　平成○年○月○日
　　　　　　　　　　　　株式会社○○○○取締役会
　　　　　　　　　　　　　　議長　代表取締役　○○　○○　㊞
　　　　　　　　　　　　　　　　　出席取締役　　○○　○○　㊞
　　　　　　　　　　　　　　　　　出席取締役　　○○　○○　㊞
　　　　　　　　　　　　　　　　　出席監査役　　○○　○○　㊞

8 株式交換

　株式交換とは，既存の会社を完全子会社化する際に，その会社の株式を購入ではなく，自社株式との交換によって取得する方法です。株式上場準備において，関係会社の整理のために活用される手法です。

　株式交換のフローチャートは次のとおりです。

株式交換契約締結	効力発生日の2週間前まで
⇩	
基準日・株主名義書換停止公告 株主総会招集通知発送	株主総会2週間前
⇩	
買取請求権を有する株主，新株予約権者に対する通知または公告	効力発生日の20日前まで
⇩	
債権者保護手続が必要な場合の公告および催告	異議申立期間1ヵ月以上
⇩	

```
反対株主の書面通知  ← 株主総会前まで
       ⇩
     株主総会
       ⇩
株式交換反対株主,新株予約権者の買取請求権の行使期限  ← 効力発生日の20日前から前日まで
       ⇩
  債権者の異議申立期限  ← 異議申立期間内
       ⇩
  株式交換の効力発生日
       ⇩
    株式交換の登記
```

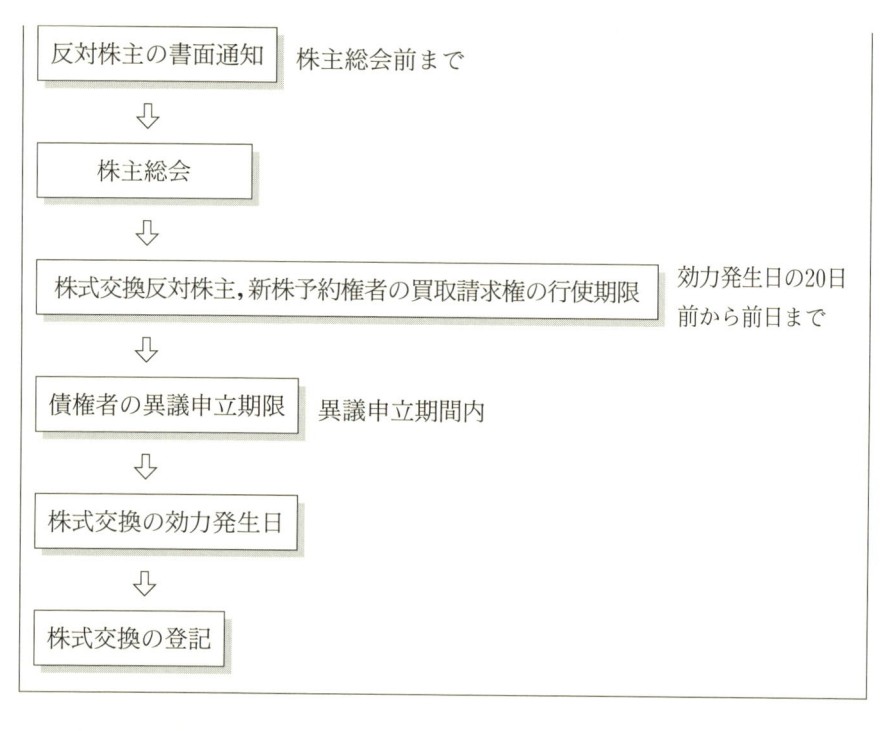

1. 株式交換契約書

株式交換契約書記載例は次のとおりです。

株式交換契約書

　株式会社○○○（以下「甲」という。）と株式会社○○（以下「乙」という。）は，次のとおり株式交換契約を締結する。

（株式交換）
第１条　甲および乙は，甲が乙の完全親会社となり，乙が甲の完全子会社となるため，乙の発行済株式の全部を甲に取得させるための株式交換を

行う。

（株式交換に際して交付する株式および割当て）
第2条　甲は，この株式交換に際して普通株式〇〇株を発行し，効力発生日の前日の最終の乙の株主名簿に記載された株主に対して，その所有する乙の株式〇〇株につき甲の株式〇〇株の割合をもって割当交付する。

（増加すべき資本金等の額）
第3条　甲は資本金および資本準備金の額を増加せず，株式交換の効力発生日において会社計算規則第69条第1項第3号ロの株主払込資本変動額が資本剰余金として増加するものとする。

（効力発生日）
第4条　株式交換が効力を発生する日を平成〇〇年〇〇月〇〇日とする。ただし，その日までに株式交換に必要な手続を行うことができないときは，甲乙協議の上，これを変更することができる。

（会社財産の管理等）
第5条　甲および乙は，本契約の締結後効力発生日に至るまで，善良なる管理者の注意をもって財産の管理を行うものとし，その財産および権利義務に重要な影響を及ぼす行為を行う場合には，あらかじめ甲乙協議の上，これを行うものとする。

（株式交換条件の変更等）
第6条　本契約締結の日から効力発生日に至るまでの間において，天災地変その他の事情により，甲および乙の財産または経営状態に重大な変動を生じたとき，もしくは，隠れたる重大な瑕疵が発見された場合には，甲乙協議の上，株式交換条件を変更し，または本契約を解除することができる。

(協議条項)
第7条　本契約書に定める事項のほか，株式交換に関して協議すべき事項が生じた場合は，甲乙協議の上，これを決定する。

　上記契約の成立を証するため，本契約書を作成し，甲乙記名捺印の上，各1通保有するものとする。

平成○○年○○月○○日
東京都○○区○○番○○号
(甲)株式会社○○○
　　代表取締役　○○○○
東京都○○区○○番○○号
(乙)株式会社○○○
　　代表取締役　○○○○

2．株式交換の臨時株主総会議事録

　完全親会社における株式交換契約書承認の臨時株主総会議事録記載例は次のとおりです。

臨時株主総会議事録

1. 日　　時：平成○年○月○日
　　午前○時○分から午前○時○分
2. 場　　所：当会社本店会議室
3. 出 席 者：発行済株式総数　　　　　○株
　　議決権のある株主総数　　　　　○名
　　この議決権数　　　　　　　　　○個

出席株主数（委任状出席を含む）　　○名
　　　この議決権数　　　　　　　　　　　○個
4．議　　　長：代表取締役　　○○　○○
5．出席役員：取 締 役　　○○　○○
　　　　　　　取 締 役　　○○　○○
　　　　　　　取 締 役　　○○　○○
　　　　　　　監 査 役　　○○　○○
6．会議の目的事項ならびに議事の経過の要領および結果：
　代表取締役○○○○は議長となり開会を宣言し，上記のとおり定足数に足る株主の出席があったので，本総会は適法に成立した旨を述べ，議案の審議に入った。

議案　株式交換契約書承認の件

　議長から，経営統合によるグループ経営効率化の観点から企業再編を検討した結果，当会社を親会社とする○○○株式会社との株式交換のため，別紙株式交換契約書を承認する必要がある旨につき説明があった後，その可否を議場に諮ったところ全員一致にてこれを承認可決した。
　よって，議長は，下記のとおり可決された旨を宣言した。

　以上にて本日の議事を終了し，議長は閉会を宣言した。
　上記決議を明確にするため，本議事録を作成し，議事録作成者は記名押印する。

平成○年○月○日
株式会社○○○臨時株主総会
議長・代表取締役　○○　○○　㊞
出席取締役　○○　○○　㊞
出席取締役　○○　○○　㊞
出席取締役　○○　○○　㊞
出席監査役　○○　○○　㊞

9 財産保全会社

　財産保全会社とは，資本政策の観点から，株式をオーナー一族が直接的ではなく間接的に所有するために用いる会社です。財産保全会社は，純粋な持株会社である場合もあれば，オーナーの不動産管理や保険代理を営むこともあります。

　財産保全会社を設立し，オーナー一族の自社株式を財産保全会社に譲渡することによって，安定株主対策や相続税対策に用いられます。オーナー一族の自社株式を財産保全会社に異動する場合には，株式譲渡所得に課税されますので，株式上場後に高騰が予想される株式について株価の低い段階で譲渡を進めることがポイントです。

　財産保全会社の株式評価を相続税法に基づき純資産価額方式で行う場合，保有株式の含み益の42％分の控除をすることができます。

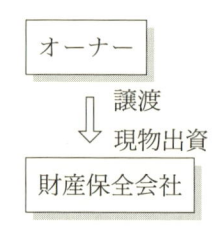

```
        オーナー
          │ 譲渡
          ▽ 現物出資
        財産保全会社
```

10 従業員持株会

　従業員が会社の株式取得保有に際して，便宜を与え奨励する制度を常設機関として組織化したものです。通常，従業員持株会の株式事務は主幹事証券会社に委託されます。

　従業員持株会については，日本証券業協会の「持株制度に関するガイドライン」と「従業員持株会導入の手引」（三菱UFJリサーチ＆コンサル

ティング）を参考にして設立されるとよいでしょう。

1. 従業員持株会設立のスケジュール

従業員持株会の設立スケジュールは以下のようになります。

設立準備
- 理事長印・ゴム印，従業員持株会印等作成
⇩

発起人の選任
- 持株会設立後の理事長，理事，監事となる。
⇩

従業員持株会規約案等の作成
- 持株会規約，細則の案を作成
⇩

取締役会での承認
⇩

発起人会，設立総会開催
- 発起人会兼設立総会議事録作成
- 銀行口座開設
⇩

理事会開催
- 規約の承認

- 理事長選任，理事会議事録作成
  ⇩

設立契約書締結

- 従業員持株会設立契約書調印
- 会社と持株会間の覚書調印
  ⇩

会社と労働組合等が協定を締結

- 会社と労働組合間の給与控除協定書作成
  ⇩

取引口座の開設
  ⇩

入会募集，申込み

2. 従業員持株会設立の書式

(1) 従業員持株会発起人会兼設立総会議事録

　平成○○年○○月○○日，午前○○時○○分より，○○○○○株式会社本社において，○○○，○○○，○○○，○○○，の計○○名が出席し，○○○従業員持株会の設立について協議した。

　○○○より従業員持株会設立趣旨ならびに従業員持株会概要を説明したところ，全員賛成，会員となることを承諾したので，出席者は改めて○○○を議長に選任し，○○○従業員持株会の設立に関する審議に入った。

審議事項
規約・細則制定に関する件

【議案1】 議長より○○○従業員持株会規約につき説明，議場に諮ったところ，全員異議なく原案どおり決定した。
【議案2】 役員選任に関する件

　議長より，規約第○条に基づき，会員の中から理事および監事，それぞれ若干名を選任する件につき諮ったところ，次のとおり選任され，当選者はそれぞれ就任を承諾した。

　　理事長　　○○○
　　理事　　　○○○
　　理事　　　○○○
　　監事　　　○○○

　以上をもって議案の審議を終了したので，議長は午前○時○分閉会を宣言した。

平成○○年○○月○○日
出席者　○○○○印
　　　　○○○○印
　　　　○○○○印
　　　　○○○○印

(2) 従業員持株会設立契約書

従業員持株会設立契約書

　私達○○株式会社の従業員は，○○従業員持株会を設立し，別紙従業員持株会規約に従い，会員の財産形成に資するため，会員の拠出金をもって○○株式への共同投資事業を行うことを契約する。

　今後本会を運営するに当たり，役員として会員の中から次のとおり選任し，

それぞれの就任を承諾した。

  理事長 ○○○
  理事 ○○○
  理事 ○○○
  監事 ○○○

　上記契約を証明するため，会員全員が下記に署名・捺印する。ただし，今後入会する会員については，所定の入会届出書への署名・捺印をもって本契約書への署名・捺印に代えるものとする。

           平成○○年○○月○○日
           会員（住所）
           （氏名）　○○○　㊞
           会員（住所）
           （氏名）　○○○　㊞

(3)　給与控除協定

　労働基準法24条1項は「賃金は，通貨で，直接労働者に，その全額を支払わなければならない」として，賃金の支払方法の「全額払いの原則」を定めています。「全額払いの原則」の例外として賃金の一部を控除して支払うことができるのは，「法令に別段の定めがある場合」と「当該事業場の労働者の過半数で組織する労働組合があるときはその労働組合，労働者の過半数で組織する労働組合がないときは労働者の過半数を代表する者との書面による協定がある場合（以下「労使協定」という）」（同条1項但書）の2つの場合です。したがって，給与から従業員持株会への拠出金を控除をするには，「労働者の過半数で組織する労働組合」もしくは「労働者の過半数を代表する者」との書面による協定により，拠出金を給与より控除することができるのです。

以下では，労働者の過半数を代表する者との書面による協定の給与控除協定サンプルを示しています。

　○○○株式会社と○○○株式会社の労働者の過半数を代表する従業員代表○○○とは，労働基準法第24条（賃金全額払いの原則）に基づき，同社社員の給与および賞与から従業員持株会への拠出金を控除することにつき協定する。

平成○年○月　日
(住所) ○○○○○○
(社名) ○○○株式会社
代表取締役社長　○○○　印
(住所)
(○○○株式会社従業員代表　氏名)
○○○　印

---

3. 従業員持株会の規約の作り方

従業員持株会規約のサンプルを以下に示しました。

○○従業員持株会規約

第1条　（名称）
　　本会は，民法上の組合とし，○○従業員持株会（以下「本会」という）と称する。

第2条　（目的）
　　本会は，○○株式会社（以下，「会社」という）の株式取得を促進することによって，従業員の財産形成，経営参加意識向上を図ることを目的と

する。
第3条 （会員）
　会員は，勤続年数〇年以上の従業員に限られる。
第4条 （入会）
　従業員は，所定の手続により本会に入会し，または退会することができる。会員が従業員でなくなった場合は，自動的に退会するものとする。
第5条 （積立金の拠出）
　会員は，毎月の給料支給日および賞与支給日に積立を行う。拠出金は一口　〇円とする。会員は希望により積立を一時休止することができる。
第6条 （奨励金）
　会社は，積立金に対して奨励金を支給することができる。
第7条 （株式購入と配当金）
　積立金と奨励金は株式購入にあてる。本会の所有する株式に対する配当金および中間配当金を会社への出資として拠出し，これを株式の購入に充てる。
第8条 （貸付金）
　会社は，会員に対して融資斡旋を行うことができる。
第9条 （会員への登録配分）
　購入した株式は，割当日現在の会員の登録配分株数に応じて登録配分する。
第10条 （株式の管理および名義）
　会員は，登録配分された株式を理事長に管理させる目的をもって信託する。理事長が受託した株式は，理事長名義に書き換えするものとする。
第11条 （株式の議決権）
　理事長名義の株式の議決権は理事長が一括して行使するものとする。但し，会員は議決権行使について，理事長に特別に指示することができる。
第12条 （処分の禁止）
　会員は，登録配分された株式の譲渡，または担保提供をすることができない。
第13条 （持分の返還）

1. 会員が退会したときは，退会の届出を行った日（以下退会日という）における，会員に登録配分された株式を，本会が指定する者に譲渡するものとする。
2. 前項の譲渡は，別紙に定める基準に従い1株当たり単価を算定し，これに持分残高を乗じて算出された価額をもって行うものとし，譲渡代金から，税金およびその他諸費用を控除した金額を現金にて払い戻すものとする。
3. 会社が，株式公開をした場合は，前項の規定は適用されないものとする。

第14条　（会員への報告）

　　理事会は，毎年○月○日から○月○日までを計算期間とした本会の決算報告書を作成し，会員に報告する。

第15条　（役員）

　　本会の役員として，理事および監事をそれぞれ若干名おく。役員は会員のなかから選任し，理事長は，理事のなかから互選によって選任する。

第16条　（理事会）
1. 理事は互選により理事会を選任する。理事は理事会を構成し，本会の運営にあたる。
2. 理事会は，必要に応じて理事長がこれを招集する。
3. 理事会は次の事項を規定する。
   (1) 本規約または本規約に基づく細則の規定により理事会が決定すべき事項
   (2) その他本会の業務の処理上重要と理事長が認めた事項
4. 理事会は，出席理事の過半数によって成立し，その過半数の賛成により議決する。

第17条　（規約の変更）

　　本規約の変更は，次の手続による。
   (1) 理事会は変更案を起案し，会員に書面にて通知する。
   (2) 変更案に異議がある会員は，書面にて理事長に対しその旨申し出る。

第18条　（事務の委託）

　　本会の事務処理は，○○証券株式会社に委託する。

第19条 （会の所在地）
　　この会の所在地は，東京都○○区○○丁目○番地○○株式会社本店内とする。
附則　本規約は平成○年○月○日より実施する。

退会による持分払い戻し時における株式の価格決定基準

別紙

退会による持分払い戻し時における株式の価格決定基準

(1) 会員が退職した場合は，「時価[※1]」をもって払い戻し時の1株当たり単価とする。
(2) 会員が会社都合により退職することとなった場合に，当該会員の持分取得時における1株当たり単価と時価のいずれか高い価額をもって，払い戻し時の1株当たり単価とする。
(3) 本会入会後1年以内に退職した場合は，当該会員の持分取得時における1株当たり単価をもって，払い戻し時の1株当たり単価とする。
(4) 退職する会員が会社を解雇事由[※2]に基づく解雇もしくはそれと同等の理由により退職する場合は，当該会員の持分取得時における1株当たり単価と時価のいずれか低い価額をもって，払い戻し時の1株当たり単価とする。
　（※1）「時価」とは，直前事業年度末における時価純資産価額に基づき算定した金額とする。なお時価純資産価額は，時価純資産価額と簿価純資産価額に著しい差異があると認められる場合を除き，簿価純資産価額と同額であるものとする。
　（※2）「解雇事由」とは，当該会員との雇用契約または同人に適用される就業規則にこれが記載されている場合には，当該事由を，また，これが記載されていない場合には，下記事由を意味するものとする。
　　　① 職務遂行を著しく懈怠するか放棄した場合または職務遂行において重過失が認められた場合
　　　② 会社が定める規則もしくは指針，または会社の業務に関して適用ある法令その他の規則に違反した場合

③ 禁錮以上の刑に処せられた場合

従業員持株会設立契約書

1. われわれ株式会社○○○の従業員は，○○従業員持株会を設立し，別紙の○○従業員持株会規約の定めるところに従い，会員の財産形成に資するため，会員の拠出金をもって○○○株式会社への共同投資事業を行うことを契約する。
2. 今後，本会を運営するに当たり，役員として会員の中から次の通り選任し，それぞれその就任を承諾した。

　　理事長　○○○　○○○
　　理　事　○○○　○○○
　　監　事　○○○　○○○

　　　　　　　　　　　　平成○○年○○月○○日
　　　　　　　　　　　　　会員氏名　○○○　○○○　㊞
　　　　　　　　　　　　　会員住所　○○○○○○

　　　　　　　　　　　　　会員氏名　○○○　○○○　㊞
　　　　　　　　　　　　　会員住所　○○○○○○

　　　　　　　　　　　　　会員氏名　○○○　○○○　㊞
　　　　　　　　　　　　　会員住所　○○○○○○

　　　　　　　　　　　　　会員氏名　○○○　○○○　㊞
　　　　　　　　　　　　　会員住所　○○○○○○

11 ロックアップ，オーバーアロットメント

　ロックアップ条項とは，直訳すると鍵をかけるという意味で，ベンチャーキャピタル等の大株主に対して，株式上場後，一定期間（通常半年）保有株式の売却を制限する条項です。株式上場直後に，ベンチャーキャピタル等の大株主による株式売却により，株価が急落することを防止することを目的としています。ロックアップ契約は，大株主と発行会社，主幹事証券会社の3者間で締結されます。

　オーバーアロットメントとは，株式上場時に，当初の募集・売出予定株数を超える需要過多の場合，適正な株価形成を図るために，主幹事証券会社が発行会社の大株主から一時的に株式を借り，当初の売出予定株数を超過して，引受価額と同じ条件で追加的に投資家に販売することです。オーバーアロットメントは，公募売出株数の15％が上限となります。

第6章

資本政策の成功例と失敗例

1 資本政策の成功例

既に株式上場した会社の資本政策を分析することによって，自社の資本政策をどう考えていけばいいかの参考になります。

以下では，一休とmixiの目論見書から抽出した資本政策を分析してみたいと思います。

1. 一休の資本政策

(1) 会社の概要

① 公開市場と時期

マザーズ，2005年8月3日。

② 会社の事業内容

高級ホテル・旅館専門予約サイト「一休.com」，ネットオークションサイト「eオークション」，宴会・会議場検索サイト「乾杯.jp」を運営。

③ 主要な経営指標の推移

（単位；百万円）	売上高	経常利益	純利益
（単独実績）2004.3	700	401	220
（単独実績）2005.3	1,241	726	434
（単独予想）2006.3	1,752	1,095	635

(2) 資本政策の経緯

	発行済株式数増減数（株）	発行済株式数残高（株）	資本金増減額（千円）	資本金残高（千円）	資本準備金増減額（千円）	資本準備金残高（千円）	注書
1999/ 6 /23	200	760	13,000	38,000	—	—	（注1）
1999/ 7 /29	240	1,000	12,000	50,000	—	—	（注2）
1999/12/ 8	440	1,440	22,00	72,000	—	—	（注3）
2000/ 4 /21	666	2,106	49,950	121,950	49,950	49,950	（注4）
2001/ 1 /31	40	2,146	5,000	126,950	5,000	54,950	（注5）
2003/ 3 /28	1,200	3,346	60,000	186,950	—	54,950	（注6）
2005/ 3 /23	800	4,146	20,000	206,950	20,000	74,950	（注7）
2005/ 3 /23	300	4,476	24,750	231,700	24,750	99,700	（注8）
2005/ 6 /15	85,044	89,520	—	231,700	—	99,700	（注9）

出典；㈱一休，目論見書より抜粋

（注1） 有償第三者割当増資による増加，発行価格50,000円，資本組入額50,000円。割当先；代表取締役社長　森正文　他4名。
（注2） 有償第三者割当増資による増加，発行価格50,000円，資本組入額50,000円。割当先；代表取締役社長　森正文　他1名。
（注3） 有償第三者割当増資による増加，発行価格50,000円，資本組入額50,000円。割当先；代表取締役社長　森正文　他27名。
（注4） 有償第三者割当増資による増加，発行価格150,000円，資本組入額50,000円。割当先；光通信パートナーズ2,LP.（現　HTC PARTNERS II, L.P.）。
（注5） 有償第三者割当増資による増加，発行価格250,000円，資本組入額125,000円。割当先；日本電気㈱。

(注6) 新株引受権の行使による増加，発行価格50,000円，資本組入額50,000円。行使者；代表取締役社長　森正文。
(注7) 新株引受権の行使による増加，発行価格50,000円，資本組入額25,000円。行使者；代表取締役社長　森正文。
(注8) 新株引受権の行使による増加，発行価格150,000円，資本組入額75,000円。行使者；代表取締役社長　森正文。
(注9) 株式分割（1:20）によるもの。

(3) 資本政策の特徴

① 創業初期における社長向けの潜在株式大量発行

創業初期に社長に対して大量の新株引受権・新株予約権を付与しています。新株引受権・新株予約権等の潜在株式をその当時の発行済株式総数の数倍以上を社長に付与しており，将来の持株希薄化に対して，創業初期の早い段階から戦略的に対処していたことがうかがえます。

② 創業初期の個人エンジェルからの資金調達

創業初期の資金繰りの厳しかったことが予想される時期に，個人エンジェル（社長の日本生命勤務時代の友人が中心であると想定されます）に割安な株価で株式を引き受けてもらったようです。

③ ベンチャーキャピタルの比率が低い

ベンチャーキャピタルは光通信系ベンチャーキャピタル1社（上場直前の持株比率は14.9％）のみであり，社長の持株比率も過半数（上場直前の持株比率は63.9％）を確保しています。

④ マザーズから東証1部に短期間で上場

マザーズ上場時の売出数（売出株数1,000株，比率3.3％）が少なく，高収益を背景に，非常に短期間での東証1部指定を達成しています。ちなみにマザーズ上場時点で社長は4％（5億円程度）を売り出ししていますが，その後，東証1部上場まで株を手放していません。

(4) 公開価格

公募価格は550,000円，初値は1,060,000円でした。

(5) ベンチャーキャピタルの投資倍率

投資額99,900千円が，公募価格ベース持株金額が7,326,000千円（550,000円×13,320株）ですので，約73倍となっています。

2. mixiの資本政策

(1) 会社の概要

① 公開市場と時期

マザーズ，2006年9月14日。

② 会社の事業内容

SNS（ソーシャルネットワーキングサービス）の「mixi」とインターネット求人情報サイト「Find Job!」の運営。

③ 主要な経営指標の推移

（単位；百万円）	売上高	経常利益	純利益
（単独実績）2005.3	739	164	96
（単独実績）2006.3	1,893	912	576
（単独予想）2007.3	4,789	1,719	986

(2) 資本政策の経緯

	発行済株式数増減数（株）	発行済株式数残高（株）	資本金増減額（千円）	資本金残高（千円）	資本準備金増減額（千円）	資本準備金残高（千円）	注書
2001/11/21	200	400	10,000	20,000	―	―	（注1）
2003/4/24	200	600	10,000	30,000	―	―	（注2）

2004/ 3 /17	5,400	6,000	—	30,000	—	—	(注3)
2004/ 4 / 3	600	6,600	34,200	64,200	34,200	34,200	(注4)
2005/ 2 /28	6,600	13,200	—	64,200	—	34,200	(注5)
2005/ 9 /27	52,800	66,000	—	64,200	—	34,200	(注6)

出典；㈱mixi，目論見書より抜粋
(注1)　有償株主割当（1:1）。発行価格50,000円，資本組入額50,000円。
(注2)　有償株主割当（1:0.5）。発行価格50,000円，資本組入額50,000円。
(注3)　株式分割（1:10）。
(注4)　有償第三者割当。発行価格114,000円，資本組入額57,000円。割当先；㈱サイバーエージェント。
(注5)　株式分割（1:2）。
(注6)　株式分割（1:5）。

(3) 資本政策の特徴

① 社長の持株比率について

創業初期段階でネットエイジ以外には株式を分散させず，社長の持株比率を高く維持した点が特徴です（社長の持株比率は上場時で64.4％）。

ちなみに，上場時の株式の売出数は公募価額ベースで542百万円で4.9％の放出でした。

役員には現物株式を保有させず，ストックオプションを付与しているだけです。社長に現物株式を集中させる方針であったかもしれませんし，役員の年齢が若いため，現物株式を十分に引き受けるだけの個人資金力がなかったとも考えられます。

② インセンティブとストックオプション

上場前の段階で，社長と1名を除く役員は現物株式を保有しておらず，インセンティブは現物株式ではなく，ストックオプション付与により解決しています。なお，上場2年前の12月28日付けで，社長からSNS最高技術責任者（入社時）に保有株式が贈与されています。最高技術責任者が同社事業推進に欠かせない人材であったことがうかがえます。監査役，外部

協力者にもストックオプションを発行し，資金流出を抑制しつつ，同社への協力を仰いだものと考えられます。ちなみに，一休の資本政策とは異なり，社長へのストックオプション等の潜在株式発行はなかったようです。

また，ストックオプションは，上場前に異なった行使価格（ストックオプション発行前に株式分割をしています）で8回発行されており，入社時期に応じてインセンティブに格差が付いています。平均的な従業員向けのストックオプション付与数は5株程度で，公募価格ベース（1株150万円程度）では，約750万円相当になります。

③ 株式分割

サイバーエージェントからの資金調達前に株式分割しており（10分割⇒2分割⇒5分割），結果として上場前に当初の5万円株が100分割されています。

④ 事業系ベンチャーキャピタルを重視

金融系のベンチャーキャピタルの出資が1社もないことは興味深いです。一方，事業系ベンチャーキャピタルはネットエイジとサイバーエージェントが出資をしています。詳細は不明ですが，株主であるネットエイジ，サイバーエージェントとの取引により，一定額以上の売上と利益が計上されていた可能性が高いと推測されます。例えば，上場直前の同社の当期純利益576百万円のうち，100百万円は＠Press 1事業をネットエイジキャピタルパートナーズ㈱への譲渡益である点は，両社の密接な関係性を反映したものといえましょう。

ネットエイジキャピタルやサイバーエージェント等，ネット企業系のベンチャーキャピタル等から投資を受けており，金融機関系ベンチャーキャピタル向けのような単なる資金調達に留まらない事業上のシナジー効果をも追求した結果と考えられます。

(4) 公開価格

公募価格は1,550,000円，初値は2,950,000円でした。

(5) ベンチャーキャピタルの投資倍率

創業初期にネットエイジが40株を200万円で出資していますが，最終的に100分割されていますので，投資額2,000千円が，公募価格ベース持株金額が620,000千円（1,550,000円×400株）ですので，約310倍となっています。

3. ビューティガレージの資本政策

(1) 会社の概要

① 公開市場と時期

マザーズ，2013年2月14日

② 会社の事業内容

インターネットを利用した理美容／エステ用品・機器・化粧品の通信販売，インターネットを利用した情報提供サービスなど

③ 主要な経営指標の推移

（単位；百万円）	売上高	経常利益	純利益
（実績）2011.4	4,057	175	94
（実績）2012.4	4,346	252	147
（予想）2013.4	5,244	296	171

(2) 資本政策の経緯

後掲の別表を参照。

ビューティガレージの資本政策の経緯

資本金（千円）	127,000		8,200	135,200		0	135,200		2,900	138,100
資本準備金（千円）	87,182		1,025	88,207		0	88,207		1,160	89,367
発行株価（円）			225,000						140,000	
調達金額（千円）			9,225						4,060	
譲渡株価										
譲渡価額										
資本政策	2008/5/1 以前		有償第三者割当			株式の異動			有償第三者割当	
顕在株式数			2008/5/1			2011/6/9			2011/8/1	
株主	発行済数	持株比率	増減	発行済数	持株比率	増減	発行済数	持株比率	増減	発行済数	持株比率
代表取締役 CEO	2,150	41.4%		2,150	40.9%	10	2,160	41.1%		2,160	41.1%
代表取締役 COO	850	16.4%		850	16.2%	10	860	16.3%		860	16.3%
取締役 A	330	6.4%		330	6.3%	10	340	6.5%		340	6.5%
取締役 B	300	5.8%		300	5.7%		300	5.7%		300	5.7%
取締役 C	480	9.2%		480	9.1%	−180	300	5.7%		300	5.7%
従業員持ち株会	13	0.3%	28	41	0.8%	85	126	2.4%		126	2.4%
監査役	120	2.3%		120	2.3%		120	2.3%		120	2.3%
ジャフコ V1−B 号	450	8.7%		450	8.6%		450	8.6%		450	8.6%
ジャフコ V1−A 号	270	5.2%		270	5.1%		270	5.1%		270	5.1%
ジャフコ V1−スター	180	3.5%		180	3.4%		180	3.4%		180	3.4%
一般投資家	47	0.9%	13	60	1.1%	65	125	2.4%	29	154	2.9%
合計	5,190	100.0%	41	5,231	100.0%	0	5,231	100.0%	29	5,260	100.0%

行使価格（円）											
資本政策	2008/5/1 以前		有償第三者割当			株式の異動			有償第三者割当		
潜在株式数			2008/5/1			2011/6/9			2011/8/1		
株主	付与数	持株比率	増減	付与数	持株比率	増減	付与数	持株比率	増減	付与数	持株比率
その他少数株主	143			143	100.0%		143	100.0%		143	100.0%
合計	143		0	143	100.0%	0	143	100.0%	0	143	100.0%

第 6 章 資本政策の成功例と失敗例

	300	138,400		0	138,400		0	138,400	100,510	238,910
	300	89,667		0	89,667		0	89,667	100,510	190,177
	20,000								2,116	
	600								201,020	

新株予約権の権利行使			株式の異動			株式分割 200 分割			株式上場		
2011/12/15			2012/4/26			2012/10/2			2013/2/14		
増減	発行済数	持株比率	増減	発行済数	持株比率	増減	発行済数	持株比率	増減	発行済数	持株比率
	2,160	40.8%	60	2,220	42.0%	441,780	444,000	42.0%	-40,000	404,000	35.0%
	860	16.3%	30	890	16.8%	177,110	178,000	16.8%	-10,000	168,000	14.6%
	340	6.4%	10	350	6.6%	69,650	70,000	6.6%	-6,000	64,000	5.6%
	300	5.7%		300	5.7%	59,700	60,000	5.7%	-4,000	56,000	4.9%
	300	5.7%	-100	200	3.8%	39,800	40,000	3.8%		40,000	3.5%
	126	2.4%		126	2.4%	25,074	25,200	2.4%		25,200	2.2%
	120	2.3%		120	2.3%	23,880	24,000	2.3%		24,000	2.1%
	450	8.5%		450	8.5%	89,550	90,000	8.5%	-30,000	60,000	5.2%
	270	5.1%		270	5.1%	53,730	54,000	5.1%	-18,000	36,000	3.1%
	180	3.4%		180	3.4%	35,820	36,000	3.4%	-12,000	24,000	2.1%
30	184	3.5%		184	3.5%	36,616	36,800	3.5%	(注)215,000	251,800	21.8%
30	5,290	100.0%	0	5,290	100.0%	1,052,710	1,058,000	100.0%	95,000	1,153,000	100.0%

(注) 他にオーバーアロットメントによる 20,000 株の売出しあり。
(2013.3.22 に SBI 証券に 20,000 株の第三者割当増資)

	20,000						100				
新株予約権の権利行使			株式の異動			株式分割 200 分割			株式上場		
2011/12/15			2012/4/26			2012/10/2			2013/2/14		
増減	付与数	持株比率	増減	発行済数	持株比率	増減	付与数	持株比率	増減	付与数	持株比率
-30	113	100.0%		113	100.0%	22,487	22,600	100.0%		22,600	100.0%
-30	113	100.0%	0	113	100.0%	22,487	22,600	100.0%	0	22,600	100.0%

(3) 資本政策の特徴
　① 役員および従業員へのインセティブについて
　役員および従業員へのインセンティブは，新株予約権と現物株式の両方によって行っています。
　上場直前の発行済株式数1,058千株に対し，22,600株相当（潜在株式数を含む総株式数の約2％）の新株予約権が役員（子会社役員を含む）および従業員（子会社従業員を含む）に付与されています。
　なお，全従業員（子会社を除く）のうち，約22％の従業員（子会社を除く）が新株予約権を保有しています。
　また，上場直前における「従業員持ち株会」および個人の従業員（子会社従業員を含む）の発行済株式の合計持株数は，約50,000株となっています。
　② 役員の持株比率について
　上場時点での役員全員の持株比率は約65％となっており，社長単独では，35％となっています。
　また，上場後の2013年4月末時点においても，役員の退職等はなく，役員全員の持株比率は60％超となっています。
　③ 2011年の株式の異動，第三者割当増資について
　ビューティガレージ社は，2011年6月に子会社であった㈱BGナビの株式を全株売却しており，同月に，㈱BGナビの代表取締役である，ビューティガレージ社の取締役Cが，持株の一部（180株）を「従業員持ち株会」等に譲渡しています。
　なお，取締役Cは，上場時点においても役員となっています。
　また，2011年8月にインターネットメディア運営事業の㈱ムサシを100％子会社化しており，㈱ムサシの代表取締役に29株（1株当たりの発行価格140千円）の第三者割当増資を行っています。
　④ ベンチャーキャピタルの持株比率について
　上場直前のベンチャーキャピタル（ジャフコ系ファンド）の持株比率は

約17％となっています。また，株式上場に際し，ベンチャーキャピタルに対するロックアップ条項はありませんでした。

なお，ベンチャーキャピタルは，上場時において合計60,000株を売却しています。また，平成25年4月期決算の有価証券報告書には，ベンチャーキャピタルは大株主として記載されていないため，その後売却していることが把握できます。

(4) 公開価格

公募価格は2,300円，初値は4,160円でした。また，公募価格における予想 PER は約15.5倍でした。

(5) ベンチャーキャピタルの投資倍率

ベンチャーキャピタルの投資額は把握できませんでした。

(6) 株式上場による資金調達額

一般募集による資金調達額は，201,020千円（2,116円×95,000株）です。また，他にオーバーアロットメントによる42,320千円（2,116円×20,000株）の第三者割当増資を行っており，両者の合計額は，243,340千円となっています。

4．オルトプラスの資本政策

(1) 会社の概要

① 公開市場と時期

東証2部，2013年3月14日

② 会社の事業内容

ソーシャルゲームの企画，開発および運営

③ 主要な経営指標の推移

（単位；百万円）	売上高	経常利益	純利益
（実績）2011.9	439	106	106
（実績）2012.9	914	176	176
（予想）2013.9※	2,748	906	549

※2013.7.31平成25年9月期第3四半期決算説明資料

(2) 資本政策の経緯

後掲の別表を参照。

(3) 資本政策の特徴

① 上場までのスピード

設立後3年未満での上場を行っています。早期（設立後約3ヵ月）の資金調達の成功が爆発的な成長を後押ししたと考えられます。

② 上場時に社長は持株を売却しなかった

上場時に社長は、持株を売却していません。

この原因は、上場時の社長の持株比率が、30％未満であり、社長1人では、株主総会特別決議の阻止（約33％以上）が難しい程の持株比率しか保持をしておらず、持株の売却が困難であったためと考えられます。

③ ベンチャーキャピタルの持株比率

上場直前のベンチャーキャピタル全体の持株比率は約56％です。ベンチャーキャピタルの持株比率が過半数を超えており（株主総会普通決議を可決でき、特別決議を阻止できる持株比率を保持）、会社の意思決定において非常に強い影響力を保持していたと考えられます。

④ ベンチャーキャピタルのキャピタルゲインと内部利益率

仮に、東京ディスカバリー投資事業有限責任組合が、ロックアップ解除

条件の「発行価格の1.5倍」で保有する株式を全て売却した場合の内部利益率（IRR）は，256％となります。

ハードルレートは不明ですが，3年未満で，200％以上のIRRでの回収であることを考えると，当該投資は効率性の高い投資であると考えられます。

VC1　東京ディスカバリー
投資事業有限責任組合

日付	イベント	株価（円）	入手株式数 (マイナスは売却（株）)	収益（マイナスは投資額） （千円）	所持株式数
2010/7/22	第三者割当	72,000	1,400	−100,800	1,400
2012/11/7	分割（1：1000）		1,398,600		1,400,000
2013/3/14	上場	1,380	−290,500	400,890	1,109,500
2013/3/14	仮に初値（4,050円）で売却をした場合	4,050	−1,109,500	4,493,475	0
			キャピタルゲイン	4,793,565	
			XIRR	334％	

⑤　社長保有株式の上場時の時価総額

初値による上場時の社長保有株式の時価総額は，約40億円です。

⑥　株式分割（1：1000）

上場約半年前に株式分割を行っています。

目論見書に記載されている当該分割の理由は，流動性を高めることおよび単元株制度を採用するためです。

(4)　公開価格

公募価格は1,500円，初値は4,015円です。

(5)　株式公開による資金調達額

新規発行による当社の払込金額の総額は，1,242,000,000円です。

別表：オルトプラスの資本政策の経緯

資本金	5,000,000		6,000,000	11,000,000		72,000,000	83,000,000		0	83,000,000
資本準備金	0		0	0		72,000,000	72,000,000		0	72,000,000
発行株価			10,000			72,000				
調達金額			6,000,000			144,000,000				
譲渡株価										
譲渡価額										
資本政策	設立		有償第三者割当			有償第三者割当			第1回新株予約権発行	
顕在株式数	2010/5/6		2010/6/4			2010/7/22			2012/1/24	
株主	発行済数	持株比率	増減	発行済数	持株比率	増減	発行済数	持株比率	増減	発行済数	持株比率
代表取締役 石井 武	500	100.0%	500	1,000	90.9%		1,000	32.3%		1,000	32.3%
	0	0.0%		0	0.0%		0	0.0%		0	0.0%
取締役1 鶫川太郎	0	0.0%	100	100	9.1%		100	3.2%		100	3.2%
	0	0.0%		0	0.0%		0	0.0%		0	0.0%
	0	0.0%		0	0.0%		0	0.0%		0	0.0%
VC1 東京ディスカバリー投資事業有限責任組合	0	0.0%		0	0.0%		0	0.0%		0	0.0%
普通株式	0	0.0%		0	0.0%		0	0.0%		0	0.0%
A種類株式	0	0.0%		0	0.0%	1400	1,400	45.2%		1,400	45.2%
VC2 みずほキャピタル第3号投資事業有限責任組合	0	0.0%		0	0.0%		0	0.0%		0	0.0%
普通株式	0	0.0%		0	0.0%		0	0.0%		0	0.0%
A種類株式	0	0.0%		0	0.0%	600	600	19.4%		600	19.4%
グリー株式会社	0	0.0%		0	0.0%		0	0.0%		0	0.0%
自己株式	0	0.0%		0	0.0%		0	0.0%		0	0.0%
従業員持ち株会	0	0.0%		0	0.0%		0	0.0%		0	0.0%
一般投資家	0	0.0%		0	0.0%		0	0.0%		0	0.0%
	500	100.0%	600	1,100	100.0%	2000	3,100	100.0%		3,100	100.0%

行使価格										1,000,000
資本政策	設立		有償第三者割当			有償第三者割当			第1回新株予約権発行	
潜在株式数	2010/5/6		2010/6/4			2010/7/22			2012/1/24	
株主	付与数	持株比率	増減	付与数	持株比率	増減	付与数	持株比率	増減	付与数	持株比率
代表取締役 石井 武									60	60	13.5%
										0	0.0%
取締役1 鶫川太郎									60	60	13.5%
取締役2 正法地 智也									60	60	13.5%
取締役3 竜石堂 潤一										0	0.0%
取締役4										0	0.0%
取締役5										0	0.0%
その他少数株主									264	264	59%
									444	444	100%

第 6 章　資本政策の成功例と失敗例

											621,000,000	704,000,000
0	83,000,000		0	83,000,000		0	83,000,000		0	83,000,000	621,000,000	693,000,000
0	72,000,000		0	72,000,000		0	72000000		0	72,000,000	1,380	
											1,242,000,000	

第2回新株予約権発行			株式分割 1,000分割			A種優先株式を普通株式へ転換			A種類株式（自己株式の消却）			株式上場		
2012/7/17			2012/11/7			2012/11/20			2012/11/20			2013/3/14		
増減	発行済数	持株比率	増減	発行済数	持株比率	増減	発行済数	持株比率	増減	発行済数	持株比率	増減	発行済数	持株比率
	1,000	0.0%	999,000	1,000,000	32.3%		1,000,000	19.6%		1,000,000	32.3%		1,000,000	25.0%
	0	0.0%	0	0	0.0%		0	0.0%		0	0.0%		0	0.0%
	100	0.0%	99,900	100,000	3.2%	100,000		2.0%		100,000	3.2%		100,000	2.5%
	0	0.0%	0	0	0.0%		0	0.0%		0	0.0%		0	0.0%
	0	0.0%	0	0	0.0%		0	0.0%		0	0.0%		0	0.0%
	0	0.0%	0	0	0.0%		0	0.0%		0	0.0%		0	0.0%
	0	0.0%	0	0	0.0%	1,400,000	1,400,000	27.5%		1,400,000	45.2%	-290,500	1,109,500	27.7%
1,400		0.0%	1,398,600	1,400,000	45.2%	-1,400,000		0.0%		0	0.0%		0	0.0%
	0	0.0%	0	0	0.0%		0	0.0%		0	0.0%		0	0.0%
	0	0.0%	0	0	0.0%	600,000	600,000	11.8%		600,000	11.8%	-166,000	434,000	10.9%
600		0.0%	599,400	600,000	19.4%	-600,000		0.0%		0	0.0%		83,000	83,000	2.1%
	0	0.0%	0	0	0.0%		0	0.0%		0	0.0%		0	0.0%
	0	0.0%	0	0	0.0%	2,000,000	2,000,000	39.2%	-2,000,000	0	0.0%		0	0.0%
	0	0.0%	0	0	0.0%		0	0.0%		0	0.0%	6,000	6,000	0.2%
	0	0.0%	0	0	0.0%		0	0.0%		0	0.0%	1,267,500(注)	1,267,500	31.7%
3,100		100.0%	3,096,900	3,100,000	100.0%	2,000,000	5,100,000	100.0%	-2,000,000	3,100,000	100.0%	900,000	4,000,000	100.0%

(注)他にオーバーアロットメントによる売り出し 203,000 株有。

第2回新株予約権発行			株式分割 1,000分割			A種優先株式を普通株式へ転換			A種類株式（自己株式の消却）			株式上場		
	1,000,000			1,000			1,000			1,000			1,000	
2012/7/17			2012/11/7			2012/11/20			2012/11/20			2013/3/14		
増減	付与数	持株比率	増減	付与数	持株比率	増減	付与数	持株比率	増減	付与数	持株比率	増減	付与数	持株比率
	60	13.2%	59,940	60,000	13.2%		60,000	13.2%		60,000	13.2%		60,000	13.2%
	0	0.0%	0	0	0.0%		0	0.0%		0	0.0%		0	0.0%
	60	13.2%	59,940	60,000	13.2%		60,000	13.2%		60,000	13.2%		60,000	13.2%
	60	13.2%	59,940	60,000	13.2%		60,000	13.2%		60,000	13.2%		60,000	13.2%
10	10	2.2%	9,990	10,000	2.2%		10,000	2.2%		10,000	2.2%		10,000	2.2%
	0	0.0%	0	0	0.0%		0	0.0%		0	0.0%		0	0.0%
	0	0.0%	0	0	0.0%		0	0.0%		0	0.0%		0	0.0%
	264	58%	263,736	264,000	58%		264,000	58%		264,000	58.1%		264,000	58.1%
10	454	100%	453,546	454,000	100%	0	454,000	100.0%	0	454,000	100.0%	0	454,000	100.0%

5. オークファンの資本政策

(1) 会社の概要

① 公開市場と時期
マザーズ，2013年4月25日

② 会社の事業内容
インターネットメディア事業／PCサイト・モバイルサイト・スマートフォンサイトの運営，インターネットを利用した情報提供サービスなど

③ 主要な経営指標の推移

（単位；百万円）	売上高	経常利益	純利益
（単独実績）2011.9	491	111	73
（単独実績）2012.9	619	201	101
（単独予想）2013.9	716	289	193

(2) 資本政策の経緯
後掲の別表を参照。

(3) 資本政策の特徴

① 社長の持株比率について
　上場直前の2013年2月25日に122,500株の新株予約権を権利行使し，公開時点で72,000株を売出しています。上場時点での社長の持株比率は51.9％であり，ストックオプションで持株比率を維持しつつ，創業者利潤をある程度確保しようとしていることがうかがえます。

② ロックアップについて
　上場（売買開始）日から起算して180日目の2013年10月21日までの期間（ロックアップ期間）中は，主幹事会社の事前の書面による承諾（または，

発行価格の2倍以上での売り出しの場合であれば可）を受けることなく株式を売却することができなくなっています。

ロックアップ対象者はほとんどが主要株主となっています。平成25年9月期決算の有価証券報告書において、ロックアップ対象者のベンチャーキャピタルが主要株主でなくなっていたことから、ロックアップ解除を待たずしてキャピタルゲインによる資金を回収していたことがうかがえます。

③ 2011年9月30日の株式の異動について

2011年9月30日の株式譲渡により、事業会社A（グリー）と、グロービス・キャピタル・パートナーズの運営するファンドの経営資源を活用することで、オークファンのさらなる拡大につながると判断したことが考えられます。

④ ベンチャーキャピタルの持株比率について

ストックオプションの未行使残高は大量にあります。一部は上場直後にはまだ行使可能期間に入っていないものがありますが、それらを除外した上場直後から行使可能分だけで、発行済株式数の1割程度のウエイトを占めます。

(4) 公開価格

公募価格は2,600円、初値は10,480円でした。また、公募価格における予想PERは約21.0倍となっています。

(5) ベンチャーキャピタルの投資倍率

ベンチャーキャピタルの投資額は把握できませんでした。

第2部　資本政策の作成

別表：オークファンの資本政策の経緯

資本金	136,370,000		18,033,000	154,403,000		0	154,403,000		0	154,403,000		0	154,403,000		
資本準備金	136,370,000		18,033,000	154,403,000		0	154,403,000		0	154,403,000		0	154,403,000		
発行株価			171,743												
調達金額			36,066,000												
譲渡株価															
譲渡価額															
資本政策	2011/09/30 以前		新株予約権の権利行使による発行		株式の異動			第7回 8回新株予約権発行			株式の異動				
顕在株式数			2011/9/30		2011/9/30			2011/12/28			2011/12/30				
株主	発行済数	持株比率	増減	発行済数	持株比率	増減	発行済数	持株比率	増減	発行済数	持株比率	増減	発行済数	持株比率	
代表取締役	1,304	56.4%	210	1,514	60.0%		1,514	60.0%		1,514	60.0%	−28	1,486	58.9%	
取締役A	0	0.0%		0	0.0%		0	0.0%		0	0.0%		0	0.0%	
取締役B	0	0.0%		0	0.0%		0	0.0%		0	0.0%		0	0.0%	
従業員	61	2.6%		61	2.4%		61	2.4%		61	2.4%		61	2.4%	
VC1 Globis Fund III, L.P.	0	0.0%		0	0.0%	195	195	7.7%		195	7.7%	100	295	11.7%	
VC2 GV-I投資事業組合	0	0.0%		0	0.0%		0	0.0%		0	0.0%	210	210	8.3%	
VC3 株式会社DG (インキュベーション)	0	0.0%		0	0.0%		0	0.0%		0	0.0%		0	0.0%	
VC4 Globis Fund III (B), L.P.	0	0.0%		0	0.0%	55	55	2.2%		55	2.2%	28	83	3.3%	
"VC5 京大ベンチャーNVCC1号投資事業有限責任組合"	0	0.0%		0	0.0%	32	32	1.3%		32	1.3%		32	1.3%	
事業会社A	860	37.2%		860	34.1%	−500	360	14.3%		360	14.3%	−100	260	10.3%	
事業会社B	0	0.0%		0	0.0%	250	250	9.9%		250	9.9%	−210	40	1.6%	
その他一般投資家	88	3.8%		88	3.5%	−32	56	2.2%		56	2.2%		56	2.2%	
合計	2,313	100.0%	210	2,523	100.0%	0	2,523	100.0%	0	2,523	100.0%	0	2,523	100.0%	

行使価格				170,000					780,000					
資本政策	2011/09/30 以前		新株予約権の権利行使による発行		株式の異動			第7回 8回新株予約権発行			株式の異動			
潜在株式数			2011/9/30		2011/9/30			2011/12/28			2011/12/30			
株主	付与数	持株比率	増減	付与数	持株比率	増減	付与数	持株比率	増減	付与数	持株比率	増減	付与数	持株比率
代表取締役	730	87.5%	−210	520	83.3%		520	83.3%	210	730	83.8%		730	83.8%
取締役A	0	0.0%		0	0.0%		0	0.0%	5	5	0.6%		5	0.6%
取締役B	0	0.0%		0	0.0%		0	0.0%	5	5	0.6%		5	0.6%
取締役C	0	0.0%		0	0.0%		0	0.0%		0	0.0%		0	0.0%
監査役	0	0.0%		0	0.0%		0	0.0%		0	0.0%		0	0.0%
従業員	104	12.5%		104	16.7%		104	16.7%	27	131	15.0%		131	15.0%
合計	834	100.0%	−210	624	100.0%	0	624	100.0%	247	871	100.0%	0	871	100.0%

第6章 資本政策の成功例と失敗例

	0	176,119,000		0	176,119,000		7,574,000	183,693,000		0	183,693,000		30,993,000	214,686,000		323,418,000	538,104,000
	0	176,119,000		0	176,119,000		7,574,000	183,693,000		0	183,693,000		30,863,000	214,556,000		323,418,000	537,974,000
							252,467						505			2,021	
							15,148,000						61,856,000			646,836,000	

株式の異動			第9回新株予約権発行			新株予約権の権利行使による発行			株式分割 500分割			新株予約権の権利行使による発行			株式上場		
2012/9/30			2012/12/19			2013/1/10			2013/1/15			2013/2/25			2013/4/25		
増減	発行済数	持株比率	増減	発行済数	持株比率	増減	発行済数	持株比率	増減	発行済数	持株比率	増減	発行済数	持株比率	増減	発行済数	持株比率
-32	1,669	61.0%		1,669	61.0%	60	1,729	0.1%	862,771	864,500	61.8%	122,500	987,000	70.6%	-72,000	915,000	51.9%
32	32	1.2%		32	1.2%		32	0.0%	15,968	16,000	1.1%		16,000	1.1%		16,000	0.9%
20	20	0.7%		20	0.7%		20	0.0%	9,980	10,000	0.7%		10,000	0.7%		10,000	0.6%
	61	2.2%		61	2.2%		61	0.0%	30,439	30500	2.2%		30500	2.2%	-6,000	24,500	1.4%
	295	10.8%		295	10.8%		295	0.0%	147,205	147,500	10.5%		147,500	10.5%		147,500	8.4%
	210	7.7%		210	7.7%		210	0.0%	104,790	105,000	7.5%		105,000	7.5%		105,000	6.0%
210	210	7.7%		210	7.7%		210	0.0%	104,790	105,000	7.5%		105,000	7.5%		105,000	6.0%
	83	3.0%		83	3.0%		83	0.0%	41,417	41,500	3.0%		41,500	3.0%		41,500	2.4%
	32	1.2%		32	1.2%		32	0.0%	15,968	16,000	1.1%		16,000	1.1%		16,000	0.9%
-210	50	1.8%		50	1.8%		50	0.0%	24,950	25,000	1.8%		25,000	1.8%		25,000	1.4%
	40	1.5%		40	1.5%		40	0.0%	19,960	20,000	1.4%		20,000	1.4%		20,000	1.1%
-20	36	1.3%		36	1.3%		36	0.0%	17,964	18,000	1.3%		18000	1.3%	320,000	338,000	19.2%
0	2,738	100.0%	0	2,738	100.0%	60	2,798	100.0%	1,396,202	1,399,000	100.0%	122,500	1,521,500	100.0%	242,000	1,763,500	100.0%

					780,000			250,000					500				
株式の異動			第9回新株予約権発行			新株予約権の権利行使による発行			株式分割 500分割			新株予約権の権利行使による発行			株式上場		
2012/9/30			2012/12/19			2013/1/10			2013/1/15			2013/2/25			2013/4/25		
増減	付与数	持株比率	増減	付与数	持株比率	増減	付与数	持株比率	増減	付与数	持株比率	増減	付与数	持株比率	増減	付与数	持株比率
	515	78.5%		515	70.3%	-60	455	0.1%	227,045	227,500	67.6%	-122,500	105,000	49.1%		105,000	49.1%
5	5	0.8%	6	11	1.5%		11	0.0%	5,489	5,500	1.6%		5,500	2.6%		5,500	2.6%
5	5	0.6%	6	11	1.3%		11	0.0%	5489	5,500	1.6%		5,500	2.6%		5,500	2.6%
	0	0.0%	12	12	1.4%		12	0.0%	5988	6,000	1.8%		6,000	2.8%		6,000	2.8%
	0	0.0%	8	8	0.9%		8	0.0%	3992	4,000	1.2%		4,000	1.9%		4,000	1.9%
131	131	15.0%	45	176	20.2%		176	0.1%	87824	88,000	26.2%		88,000	41.1%		88,000	41.1%
0	656	100.0%	77	733	100.0%		673	100.0%	335,827	336,500	100.0%	-122,500	214,000	100.0%	0	214,000	100.0%

6. ユーグレナの資本政策

(1) 会社の概要

① 公開市場と時期
マザーズ，2012年12月20日

② 会社の事業内容
ヘルスケア事業／ユーグレナを活用した食品製造販売および化粧品製造販売，エネルギー・環境事業／ユーグレナを活用したバイオ燃料開発など

③ 主要な経営指標の推移

(単位；百万円)	売上高	経常利益	純利益
(単独実績) 2011.9	1,116	314	204
(単独実績) 2012.9	1,585	325	197
(単独予想) 2013.9	2,291	409	254

(2) 資本政策の経緯
後掲の別表を参照。

(3) 資本政策の特徴

① 社長の持株比率について
上場時点での社長の持株比率は19.2％と比較的低い割合となっています。ストックオプション考慮後でも持株比率は25％程度となっています。上場後の持株比率も同じ割合で推移しており，安定株主や経営支配権の確保よりもベンチャーキャピタルからの資金調達を優先していたことが考えられます。

② インセンティブについて
インセンティブは，主にストックオプションによっており，社長と役員

を合わせると70%超となっています。

③ ベンチャーキャピタルの持株比率について

上場直前のベンチャーキャピタルの持株比率は，35％程度となります。創業期から黒字転換するまでの期間は，主にベンチャーキャピタルから資金を調達しています。

また，主要株主であったジャパン・スプレッド・パートナーズⅢ投資事業有限責任組合およびアイビス環境投資事業組合第1号については，平成25年9月期決算の有価証券報告書において，株式を売却しており主要株主ではなくなっています。

⑷ 公開価格

公募価格は1,700円，初値は3,900円でした。また，公募価格における予想PERは約17.0倍となっています。

⑸ ベンチャーキャピタルの投資倍率

ベンチャーキャピタルの正確な投資額は目論見書からは把握できませんでした。

⑹ 株式公開による資金調達額

一般募集による資金調達額は，782,000千円(1,564円×500,000株)です。また，他に引受人の買取引き受けによる売り出し（オーバーアロットメント含む）221,850千円(1,700円×130,500株)の第三者割当増資を行っており，両者の合計額は，1,003,850千円となっています。

ユーグレナの資本政策の経緯

資本金	185,000		30,000	215,000			215,000		15,000	230,000		0	230,000	30,000	260,000
資本準備金	85,000		30,000	115,000			115,000		15,000	130,000		0	130,000	30,000	160,000
発行株価				300						300					300
調達金額				60,000						30,000					60,000
譲渡株価															
譲渡価額															

資本政策	2008/5/9以前		有償第三者割当		第2回新株予約権発行		有償第三者割当		株式の異動		有償第三者割当	
顕在株式数			2008/5/9		2009/2/13		2009/9/30		2009/12/1		2009/12/24	
株主	発行済数	持株比率	増減	発行済数	持株比率	増減	発行済数	持株比率	増減	発行済数	持株比率	増減	発行済数	持株比率
代表取締役	1,700	32.4%		1,700	31.2%		1,700	31.2%		1,700	30.6%		1,700	30.6%		1,700	29.6%
取締役	50	1.0%		50	0.9%		50	0.9%		50	0.9%		50	0.9%		50	0.9%
VC1 ジャパン・スプレッド・パートナーズ㈱	1,150	21.9%		1,150	21.1%		1,150	21.1%		1,150	20.7%		1,150	20.7%		1,150	20.0%
VC2 アイビス環境投資事業組合	0	0.0%		0	0.0%		0	0.0%		0	0.0%	800	800	14.4%		800	13.9%
VC3 ひふみパイオニア・テクノロジー・リバーションファンド	0	0.0%		0	0.0%		0	0.0%		0	0.0%		0	0.0%		0	0.0%
VC4 アイビス・ベンチャー1号投資事業有限責任組合	150	2.9%		150	2.8%		150	2.8%		150	2.7%		150	2.7%		150	2.6%
VC5 アイビス藤エネルギー投資事業組合	0	0.0%		0	0.0%		0	0.0%		0	0.0%		0	0.0%		0	0.0%
VC6 CVC1号投資事業有限責任組合	150	2.9%		150	2.8%		150	2.8%		150	2.7%		150	2.7%		150	2.6%
事業会社A	1,300	24.8%		1,300	23.9%		1,300	23.9%		1,300	23.4%	−800	500	9.0%		500	8.7%
事業会社B	100	1.9%		100	1.8%		100	1.8%		100	1.8%		100	1.8%		100	1.7%
事業会社C	0	0.0%		0	0.0%		0	0.0%			0.0%		0	0.0%	200	200	3.5%
その他一般投資家	650	12.4%	200	850	15.6%		850	15.6%	100	950	17.1%		950	17.1%		950	16.5%
	5,250	100.0%	200	5,450	100.0%	0	5,450	100.0%	100	5,550	100.0%	0	5,550	100.0%	200	5,750	100.0%

行使価格					300,000							
資本政策	2008/5/9以前		有償第三者割当		第2回新株予約権発行		有償第三者割当		株式の異動		有償第三者割当	
潜在株式数			2008/5/9		2009/2/13		2009/9/30		2009/12/1		2009/12/24	
株主	付与数	持株比率	増減	付与数	持株比率	増減	付与数	持株比率	増減	付与数	持株比率	増減	付与数	持株比率
代表取締役	374	57.5%		374	57.5%		374	35.9%		374	35.9%		374	35.9%		374	35.9%
取締役	16	2.5%		16	2.5%	134	150	14.4%		150	14.4%		150	14.4%		150	14.4%
取締役	0	0.0%		0	0.0%	100	100	9.6%		100	9.6%		100	9.6%		100	9.6%
取締役	0	0.0%		0	0.0%		0	0.0%		0	0.0%		0	0.0%		0	0.0%
監査役	0	0.0%		0	0.0%		0	0.0%		0	0.0%		0	0.0%		0	0.0%
従業員	0	0.0%		0	0.0%	35	35	3.4%		35	3.4%		35	3.4%		35	3.4%
VC1 ジャパン・スプレッド・パートナーズ㈱	200	30.8%		200	30.8%		200	19.2%		200	19.2%		200	19.2%		200	19.2%
事業会社A	50	7.7%		50	7.7%		50	4.8%		50	4.8%		50	4.8%		50	4.8%
事業会社D	0	0.0%		0	0.0%		0	0.0%		0	0.0%		0	0.0%		0	0.0%
その他	10	1.5%		10	1.5%	124	134	12.8%		134	12.8%		134	12.8%		134	12.8%
合計	650	100.0%	0	650	100.0%	393	1,043	100.0%	0	1,043	100.0%	0	1,043	100.0%	0	1,043	100.0%

第 6 章　資本政策の成功例と失敗例

105,000	365,000		365,000	0	365,000		650	365,650		95,000	460,650		0	460,650		335,750	796,400
105,000	265,000		265,000	0	265,000		650	265,650		95,000	360,650		0	360,650		335,750	696,400
300							5			400						1	
210,000								1,300		190,000						671,500	

有償第三者割当			株式の異動			第3回新株予約権発行			新株予約権の権利行使による発行			有償第三者割当			株式分割 300分割			株式上場		
2009/12/30			2010/1/20			2010/12/17			2011/8/19			2011/9/30			2012/9/14			2012/12/12		
増減	発行済数	持株比率	増減	発行済数	持株比率	増減	発行済数	持株比率	増減	発行済数	持株比率	増減	発行済数	持株比率	増減	発行済数	持株比率	増減	発行済数	持株比率
	1,700	26.4%		1,700	26.4%		1,700	26.4%		1,700	26.4%		1,700	26.4%	508,300	510,000	23.7%		510,000	19.2%
	50	0.8%		50	0.8%		50	0.8%		50	0.8%		50	0.8%	14,950	15,000	0.7%		15,000	0.6%
	1,150	17.8%		1,150	17.8%		1,150	17.8%	200	1,350	20.9%		1,350	20.9%	403,650	405,000	18.8%		405,000	15.3%
	800	12.4%		800	12.4%		800	12.4%		800	12.4%		800	12.4%	239,200	240,000	11.1%		240,000	9.0%
700	700	10.9%		700	10.9%		700	10.9%		700	10.9%		700	10.9%	209,300	210,000	9.7%		210,000	7.9%
	150	2.3%		150	2.3%		150	2.3%		150	2.3%		150	2.3%	44,850	45,000	2.1%		45,000	1.7%
	0	0.0%	150	150	2.3%		150	2.3%		150	2.3%		150	2.3%	44,850	45,000	2.1%		45,000	1.7%
	150	2.3%		150	2.3%		150	2.3%		150	2.3%		150	2.3%	44,850	45,000	2.1%	-45,000	0	
	500	7.8%		500	7.8%		500	7.8%	50	550	8.5%		550	8.5%	164,450	165,000	7.7%		165,000	6.2%
	100	1.6%		100	1.6%		100	1.6%		100	1.6%	200	300	4.7%	89,700	90,000	4.2%		90,000	3.4%
	200	3.1%		200	3.1%		200	3.1%		200	3.1%		200	3.1%	59,800	60,000	2.8%		60,000	2.3%
	950	14.7%	-150	800	12.4%		800	12.4%	10	810	12.6%	275	1085	16.8%	324,415	325,500	15.1%	545,000	870,500	32.8%
700	6,450	100.0%	0	6,450	100.0%	0	6,450	100.0%	260	6,710	100.0%	475	7,185	100.0%	2,148,315	2,155,500	100.0%	500,000	2,655,500	100.0%

								360,000				5,000								
有償第三者割当			株式の異動			第3回新株予約権発行			新株予約権の権利行使による発行			有償第三者割当			株式分割 300分割			株式上場		
2009/12/30			2010/1/20			2010/12/17			2011/8/19			2011/9/30			2012/9/14			2012/12/12		
増減	付与数	持株比率	増減	付与数	持株比率	増減	付与数	持株比率	増減	付与数	持株比率	増減	付与数	持株比率	増減	付与数	持株比率	増減	付与数	持株比率
	374	35.9%		374	35.9%	60	434	32.2%		434	39.9%		434	39.9%	129,766	130,200	39.9%		130,200	39.9%
	150	14.4%		150	14.4%	30	180	13.3%		180	16.5%		180	16.5%	53,820	54,000	16.5%		54,000	16.5%
	100	9.6%		100	9.6%	30	130	9.6%		130	11.9%		130	11.9%	38,870	39,000	11.9%		39,000	11.9%
	0	0.0%		0	0.0%	30	30	2.2%		30	2.8%		30	2.8%	8,970	9,000	2.8%		9,000	2.8%
	0	0.0%		0	0.0%	30	30	2.2%		30	2.8%		30	2.8%	8,970	9,000	2.8%		9,000	2.8%
	0	0.0%		0	0.0%	20	20	1.5%		20	1.8%		20	1.8%	5,980	6,000	1.8%		6,000	1.8%
	35	3.4%		35	3.4%	97	132	9.8%		132	12.1%		132	12.1%	39,468	39,600	12.1%		39,600	12.1%
	200	19.2%		200	19.2%		200	14.8%	-200	0	0.0%		0	0.0%	0	0	0.0%		0	0.0%
	50	4.8%		50	4.8%		50	3.7%	-50	0	0.0%		0	0.0%	0	0	0.0%		0	0.0%
	0	0.0%		0	0.0%		0	0.0%		0	0.0%		0	0.0%	0	0	0.0%		0	0.0%
	134	12.8%		134	12.8%	9	143	10.6%	-10	133	12.2%		133	12.2%	39,767	39,900	12.2%		39,900	12.2%
0	1,043	100.0%	0	1,043	100.0%	306	1,349	100.0%	-260	1,089	100.0%		1,089	100.0%	325,611	326,700	100.0%	0	326,700	100.0%

7. フォトクリエイトの資本政策

(1) 会社の概要

① 公開市場と時期
マザーズ，2013年7月10日

② 会社の事業内容
インターネット写真サービス事業，フォトクラウド事業，広告マーケティング支援事業など

③ 主要な経営指標の推移

(単位；百万円)	売上高	経常利益	純利益
(実績)2011.6	897	17	4
(実績)2012.6	2,481	130	64
(予想)2013.6	2,751	174	100

(2) 資本政策の経緯
後掲の別表を参照。

(3) 資本政策の特徴

① 三者均等の株式保有

創業者である3名の株主に対しては，持株比率に応じて第二者割当増資が行われ，同数のストックオプションが付与されています。

また，単独で過半数の株式を保有する株主は存在せず，上場直前における筆頭株主である代表取締役の持株比率ですら17.8％しかありません。

② 資金調達のタイミング

2007年5月29日に行われた30百万円の第三者割当増資の結果，創業者3名の持株比率は約33％から約18％に半減してしまっています。この時の一

株当たりの発行価格は5,000円です。しかし，約1年後の2008年7月8日に行われた137百万円の第三者割当増資では，株式の発行価格は125,000円と2007年5月29日の25倍にもなりました。

③　株主構成

日本におけるハンズオン型のベンチャーキャピタルの代表格ともいえるグロービスが出資していますが，上場直前におけるの保有割合は11.2％と低くなっており，逆に事業会社の保有割合は28.5％とこちらは対照的に高くなっています。上場直前における事業会社の株主としては，ルクレ，ドリームインキュベーター，サイバーエージェント，三菱東京UFJ銀行などがあげられます。

創業者3名はそれぞれ約17％ずつ保有しており，上場直前における創業者3名の持株比率を合計すれば52％と過半数は確保していたことになります。

④　ストックオプション

第1回新株予約権付与時の株主構成は創業者3名が株式をそれぞれ3分の1ずつ保有していたと推定されますので，税制適格の要件を満たしていた可能性が高いと思います。

従業員へのストックオプション付与は従業員への動機づけ（インセンティブ）を目的として行われることが多いのですが，第1回新株予約権を付与された従業員15名の目論見書の提出時点（2013年6月）での在職者は8名で，第2回新株予約権を付与された42名の2013年6月時点での在職者は25名と，退職者が多かったことを踏まえると，インセンティブとしての効果は薄かったかもしれません。

また，第1回新株予約権には退職時失効の条項が付されていなかったようで，創業者3名のうちの1人はその前後に会社を退職していますが，ストックオプションも株式も保有したままです。

別表：フォトクリエイトの資本政策の経緯

資本金(千円)	30,000		0	30,000	15,000	45,000		68,750	113,750		0	113,750		
資本準備金(千円)	11,800		0	11,800	15,000	26,800		68,750	95,550		0	95,550		
発行株価(円)					5,000			125,000						
調達金額(千円)					30,000			137,500						
譲渡株価														
譲渡価額														

資本政策	2006/3/31 以前		第1回新株予約権発行 2006/3/31			第三者割当増資 2007/5/29			第三者割当増資 2008/7/8			第2回新株予約権発行 2008/7/8		
顕在株式数 株主	発行済数	持株比率	増減	発行済数	持株比率	増減	発行済数	持株比率	増減	発行済数	持株比率	増減	発行済数	持株比率
代表取締役社長	1,200	33.3%		1,200	33.3%	600	1,800	18.8%		1,800	16.8%		1,800	16.8%
取締役 A	1,200	33.3%		1,200	33.3%	600	1,800	18.8%		1,800	16.8%		1,800	16.8%
取締役 B	0	0.0%		0	0.0%	200	200	2.1%		200	1.9%		200	1.9%
取締役 C	0	0.0%		0	0.0%	200	200	2.1%		200	1.9%		200	1.9%
その他の役員	0	0.0%		0	0.0%	0	0	0.0%		0	0.0%		0	0.0%
従業員	0	0.0%		0	0.0%	275	275	2.9%		275	2.6%		275	2.6%
VC (Globis Fund III J.P.)	0	0.0%		0	0.0%	0	0	0.0%	300	300	2.8%		300	2.8%
VC (Globis Fund II J.P.(B))	0	0.0%		0	0.0%	0	0	0.0%	200	200	1.9%		200	1.9%
事業会社	0	0.0%		0	0.0%	2,680	2,680	27.9%	300	2,980	27.9%		2,980	27.9%
個人 A	1,200	33.3%		1,200	33.3%	600	1,800	18.8%		1,800	16.8%		1,800	16.8%
その他一般投資家等	0	0.0%		0	0.0%	845	845	8.8%	300	1,145	10.7%		1,145	10.7%
	3,600	100.0%	0	3,600	100.0%	6,000	9,600	100.0%	1,100	10,700	100.0%	0	10,700	100.0%

行使価格				49,625									125,000	

資本政策	2006/3/31 以前		第1回新株予約権発行 2006/3/31			第三者割当増資 2007/5/29			第三者割当有償増資 2008/7/8			第2回新株予約権発行 2008/7/8		
潜在株式数 株主	付与数	持株比率	増減	付与数	持株比率	増減	付与数	持株比率	増減	付与数	持株比率	増減	付与数	持株比率
代表取締役社長	0	0.0%	600	600	30.3%		600	30.3%		600	30.3%		600	25.2%
取締役 A	0	0.0%	600	600	30.3%		600	30.3%		600	30.3%		600	25.2%
取締役 B	0	0.0%		0	0.0%		0	0.0%		0	0.0%	60	60	2.5%
従業員	0	0.0%	182	182	9.2%		182	9.2%		182	9.2%	340	522	21.9%
個人 A	0	0.0%	600	600	30.3%		600	30.3%		600	30.3%		600	25.2%
合計	0	#DIV/0!	1,982	1,982	100.0%	0	1,982	100.0%	0	1,982	100.0%	400	2,382	100.0%

第6章 資本政策の成功例と失敗例　227

348	114,098		0	114,098		0	114,098		0	114,098	76,820	190,918
348	95,898		0	95,898		0	95,898		0	95,898	76,820	172,718
63,272											1,536	
696											153,640	

新株予約権行使			株式の異動			株式の異動および新株予約権の失効			株式分割 100分割			株式上場		
2010/12/31			2011/3/30および2011/11/1						2013/3/14			2013/7/10		
増減	発行済数	持株比率	増減	発行済数	持株比率	増減	発行済数	持株比率	増減	発行済数	持株比率	増減	発行済数	持株比率
	1,800	16.8%	106	1,906	17.8%		1,906	17.8%	188,694	190,600	17.8%	-30,000	160,600	13.7%
	1,800	16.8%	20	1,820	17.0%		1,820	17.0%	180,180	182,000	17.0%	-50,000	132,000	11.3%
	200	1.9%	20	220	2.1%		220	2.1%	21,780	22,000	2.1%		22,000	1.9%
	200	1.9%		200	1.9%		200	1.9%	19,800	20,000	1.9%		20,000	1.7%
5	5	0.0%	60	65	0.6%	20	85	0.8%	8,415	8,500	0.8%		8,500	0.7%
6	281	2.6%	24	305	2.8%		305	2.8%	30,195	30,500	2.8%		30,500	2.6%
	300	2.8%		300	2.8%	637	937	8.7%	92,763	93,700	8.7%		93,700	8.0%
	200	1.9%		200	1.9%	63	263	2.5%	26,037	26,300	2.5%		26,300	2.2%
	2,980	27.8%		2,980	27.8%	70	3,050	28.5%	301,950	305,000	28.5%	-20,000	285,000	24.3%
	1,800	16.8%		1,800	16.8%		1,800	16.8%	178,200	180,000	16.8%		180,000	15.4%
	1,145	10.7%	-230	915	8.5%	-790	125	1.2%	12,375	12,500	1.2%	200,000	212,500	18.1%
11	10,711	100.0%	0	10,711	100.0%	0	10,711	100.0%	1,060,389	1,071,100	100.0%	100,000	1,171,100	100.0%

新株予約権行使			株式の異動			株式の異動および新株予約権の失効			株式分割 100分割			株式上場		
2010/12/31			2011/3/30および2011/11/1						2013/3/14			2013/7/10		
増減	付与数	持株比率	増減	付与数	持株比率	増減	付与数	持株比率	増減	付与数	持株比率	増減	付与数	持株比率
	600	5.6%		600	5.6%		600	5.6%	59,400	60,000	5.6%		60,000	5.1%
	600	5.6%		600	5.6%		600	5.6%	59,400	60,000	5.6%		60,000	5.1%
	60	0.6%		60	0.6%		60	0.6%	5,940	6,000	0.6%		6,000	0.5%
-11	511	4.8%		511	4.8%	-395	116	1.1%	11,484	11,600	1.1%		11,600	1.0%
	600	5.6%		600	5.6%		600	5.6%	59,400	60,000	5.6%		60,000	5.1%
-11	2,371	100.0%	0	2,371	100.0%	-395	1,976	100.0%	195,624	197,600	100.0%	0	197,600	100.0%

(4) 公開価格

公募価格は1,670円、初値は3,775円、公募価格における予想PERは約19.5倍となっています。

(5) 資金調達額

創業者3名が上場直前に保有していた株式の初値ベースでの時価総額は20億8,600万円となります。

2 資本政策の失敗パターン

資本政策は一度実行してしまうと後戻りして修正できませんので、戦略的・計画的に実行することが必要です。

1. 資金調達額と持株比率のバランスの失敗

会社の資金需要を考慮しても、株式上場前に必要以上の資金調達をしてしまった結果、経営陣の持株比率を大きく下げてしまったケースが散見されます。

2. 増資株価の失敗

創業初期に経営陣の持株比率を維持するために、高い株価で増資を引き受けてもらったが、バリュエーションが高すぎて、その後の追加出資を他のベンチャーキャピタルから受けることができなくなるケースがあります。事業計画作成段階で、事業計画の下振れ可能性と追加資金調達の必要性を十分に織り込むべきでした。追加増資が必要な場合、早い段階で高すぎる株価を付けることは、将来の追加増資の支障になるリスクがあります。

増資前に、公認会計士に株価の妥当性について相談をしてみるとよいで

しょう。

3. 事業計画の精度の甘さ

　事業計画における利益の予測精度が低く，株式公開直前の1株当たり純利益が小さくなり，公開時の株価が当初予想よりも大幅に低くなってしまった結果，十分なキャピタルゲインを確保できなかったり，上場形式基準充足ができなかったケースがあります。
　必要以上の資金調達をした割には，利益の伸びが十分でないような場合に起こり得るケースです。資本政策は，増資による希薄化を十分に考慮して立案することが必要なのです。

4. 安定株主対策の失敗

　ベンチャーキャピタルの持株比率が高すぎて，主幹事証券会社の選定がうまくいかず，公募価格が思いのほか低くなってしまうケースがあります。
　ベンチャーキャピタルの持株比率が高いことが即主幹事証券会社選定に悪影響を与える訳ではありません。
　しかしながら，ベンチャーキャピタルは決して安定株主にはなり得ないことは肝に銘じたいものです。
　また，創業時からの役員を安定株主として想定していたケースで，株価が高くなってから，退職してしまうケースでは，高い株価での株の引受先を探すのに苦労するケースがあります。

5. 税法を無視した株式異動の失敗

　税法上の時価よりも著しく低い価格で増資したり，株式譲渡した結果，思わぬ課税を受けてしまうケースがあります。
　社長の一族等，同族株主間の株の異動の場合，税法に配慮した株価算定が必要です。公認会計士に株価算定書の作成を依頼するべきです。

6. 事業承継対策の失敗

　事業承継目的で株式上場を目指しているのに，後継者の持株割合増加が十分でなかったため，目的を達成できないケースもあります。

　事業承継目的の資本政策の場合，株価の低い段階で，創業者から後継者へ早期の株式異動がポイントとなります。

第3部

ベンチャーキャピタル からの資金調達

　第3部では，ベンチャーキャピタルからの資金調達について述べますが，まず，確認すべきことがあります。
　第1に，本当に今が資金調達すべきタイミングなのか？　第2に，ベンチャーキャピタルから資金調達すべきなのか？　第3に，ベンチャーキャピタルから資金調達する準備はできているのか？
　創業融資は検討しましたか？
　個人エンジェルからの資金調達の可能性はありませんか？
　あなたの会社や製品・商品・サービスに関心のある大企業や将来事業提携先になり得る会社に製品や販売代理権等の譲渡で資金調達できないでしょうか？

第1章

ベンチャーキャピタルの本質

　ベンチャーキャピタルの本質を理解するためには、まず、ベンチャーキャピタルが何を目的としてベンチャー企業に投資しているのかを考えてみる必要があります。

　ベンチャーキャピタルは、自らの運用する投資ファンドの投資利回りを最大化することが目的です。誤解してはならないことは、ベンチャーキャピタルにとってベンチャー企業の支援は、それ自体が目的ではないということです。この点が個人エンジェルのベンチャー企業への投資とは異なる点です。

　言うまでもなく、ベンチャーキャピタルがその投資利回りを最大化するためには、投資で儲けなければなりません。

1 ベンチャーキャピタルの儲け方

　ベンチャーキャピタルが儲けるには、将来株式公開できる可能性のある有望な会社を探して、投資を行って、株式上場後に株式売却してキャピタルゲインを獲得することが必要です。すなわち、株式上場準備企業の株式を、安く買って、高く売ることです。

　ここでのポイントは、第1に、有望ベンチャー企業を発掘すること、第2に、割安な株価で投資すること、第3に、株を高く売るために投資先が

株式上場することです。

2 ベンチャーキャピタルの儲けはどのように計算されるのか？

　それでは，ベンチャーキャピタルはどの程度の利回りを必要とするのでしょうか。ベンチャーキャピタルは，リスクに見合ったリターンを要求しますので，企業の成長段階の初期であれば，より高い投資利回りを要求します。

　例えば，まだ売上が計上されていない段階では，投資リスクが高いので投資利回りとして50〜100％以上を要求します。投資利回りが高いということは，低い株価でしか増資に応じてくれないということです。

　一方，株式上場を半年から1年後に控えているような段階では，投資利回りは20〜30％程度で許容されることもあります。投資利回りが低くてもいい状況では，高い株価での増資に応じてくれるということになります。

3 ベンチャーキャピタルに高い株価でを持たせればいいのか？

　投資を受けたものの，予定通りの成長を伴わない場合，ベンチャーキャピタルからの追加増資に悪影響を与えてしまいます。事業計画の見積りが甘ければ，既に期待部分は株価に織り込まれてしまっていることになり，追加増資の必要性があるタイミングでは，期待外れと思われてしまうわけです。

4 上場できなくても黒字の会社に投資してくれるのか？

　ベンチャーキャピタルは株式上場がバイアウト（M&Aで売却）でしか投下資金を回収できません。安定的に黒字を計上している優良会社であったとしても、株式上場もバイアウトの見込みがなければベンチャーキャピタルは投資をすることはありません。

　儲かっている会社でも、株式上場できる規模・時価・総額まで成長できないのであれば投資対象にはなり得ません。普通に良い会社というだけでは投資してもらえないのです。

5 著名な経営者に株主になってもらうべきか？

　すでに、上場に成功したというトラックレコードを有する経営者が出資しているケースでは、ベンチャーキャピタルの投資姿勢にポジティブな影響を与える傾向があると思います。成功者から評価されている人は成功しやすいと考えられるのです。ぜひ株主になってもらいましょう。

第2章

ベンチャーキャピタルの投資手法

1 ポートフォリオ投資

　ポートフォリオとは，安全資産と危険資産の最適保有率のことです。全ての卵を１つの籠に入れた場合，その籠を落としてしまうと，全ての卵が割れてしまいますが，複数の籠に分けて入れた場合，１つの籠を落としても残りの卵は無事なわけです。
　ベンチャーキャピタルは，リスク分散しながら投資しているという認識が必要です。当然，追い銭（追加増資）を入れてくれないこともあるわけです。
　ベンチャーキャピタルは，１社に投資しているわけではありませんが，起業家は自社のみに投資するのでポートフォリオ投資によるリスク分散を図れないのです。
　このようにリスクの受容度がベンチャーキャピタルと起業家では異なるのです。

2 マイルストーン投資

　マイルストーン投資とは，一度に資金を投資するのではなく，期間を区

切って,その間に必要な資金を段階的に投資する手法を指します。

ベンチャー企業のマイルストーン例としては以下のようなものが挙げられます。

- コンセプトテスト(市場機会が存在するか?)の検証
- 試作品の完成
- 初回資金調達
- 初期製造テスト
- 市場テスト
- 製造開始
- 先行販売
- 最初の競争への対応
- 最初の再設計・方向修正
- 最初の大幅な価格変更

出典:『MBA最新テキスト アントレプレナー・ファイナンス―ベンチャー企業の価値評価とディール・ストラクチャー―』リチャード・L・スミス,ジャネット・K・スミス〔著〕山本一彦〔総監訳〕 中央経済社,2004,P42。

マイルストーン達成に応じて,投資リスクは徐々に低下していきます。追加投資を期待しすぎるとベンチャーキャピタルから梯子を外される(追加投資してもらえない)場合もあります。

マイルストーンを守る自信がないのであれば,事前に多めに資金を確保する必要があるのかもしれません。

事業の成否の不確実性が高い場合,事業計画における黒字化するタイミングをなるべく後に持ってくる必要があるでしょう。

事業計画の想定が外れた時に,既に単月黒字化が達成できていれば,ベンチャーキャピタルからの追加投資がなくても事業の資金繰りは回ることになります。

3 ハンズオン投資

(1) ハンズオンとは？

ハンズオンとは，経営に手をかけるという意味です。

具体的には，単に資金を提供するだけではなく，追加増資の相手先，人材紹介会社，監査法人，証券会社，信託銀行，印刷会社，リース会社，保険会社等を紹介したり，取締役会へ役員・オブザーバーを派遣したりすることを指します。

一般的なハンズオンでは，人脈や取引先等の紹介が中心となることが多いようです。

(2) ハンズオンに対するベンチャーキャピタルの姿勢

ハンズオンを行うベンチャーキャピタルは，比較的多額の投資を行う，リードインベスター志向の強いベンチャーキャピタルにその傾向が高いようです。

大半のベンチャーキャピタルはハンズオンに積極的ではないようです（特に銀行系はハンズオンに消極的な傾向があります）。

ハンズオンに消極的なベンチャーキャピタルの場合，投資後は比較的，経営に介入してくることは少ないようです。

資金提供を受けたいけれども，経営には口を出されたくない起業家にとっては，かえって都合が良いともいえます。

(3) 2種類のハンズオン

ベンチャーキャピタルによるハンズオンは，2種類に分けることができます。

第1に，デベロップメント，第2に，モニタリングです。

デベロップメントとは，経営陣派遣等の経営のバックアップや取引先紹介等，会社の業績向上に貢献するような経営支援です。
　モニタリングとは，投資先ベンチャー企業が，株主にとって不利益な行動をしないように監視することです。

第3章

ベンチャーキャピタルからの資金調達プロセス

起業家が，ベンチャーキャピタルから資金を調達するプロセスは，①事業計画と資本政策案を作成，②ベンチャーキャピタルへ接触，③投資を受けるための条件交渉，④投資契約締結という順番で進みます。

(1) 投資案件の発掘

ベンチャーキャピタリストは，日経新聞，雑誌，インターネットのプレスリリース，各種メディアから有望ベンチャー企業を探索してテレアポをしたり，人脈（銀行，証券会社，投資先，会計事務所等）からの紹介などにより投資案件（ディール）を発掘します。

ベンチャーキャピタルは，ホームページからのアクセスや，直接電話をかけてくる会社を好みません。

起業家は，ベンチャーキャピタリストの案件発掘法を十分に理解し，投資案件情報源（ディールソース）に接触する必要があります。銀行，証券会社，会計事務所等から紹介してもらうという方法を取った方がよいでしょう。紹介であれば，ベンチャーキャピタルは，資金繰りに困っている会社という見方をしませんし，紹介者の手前，誠実な対応を期待できます。

(2) 投資案件の審査・評価

ベンチャー企業は，ベンチャーキャピタルとの接触後，秘密保持契約書

（NDA : Non disclosure agreement）を取り交わして，事業計画書等の投資審査に必要な資料をベンチャーキャピタルに提出します。

　ベンチャーキャピタルは，事業計画書（マーケット分析・販売計画・人員採用計画・役員の経歴等）の検証，投資担当による質問，面談を通じて投資可能かどうか審査・評価します。また自社の取引先に対してリファレンスチェック（側面調査）を求められる場合があります。

(3) 投資条件の検討と交渉

　投資案件の審査・評価で前向きに検討されることになった場合，投資額，株価などの条件交渉がベンチャーキャピタルと起業家との間で行われます。

(4) 投資決定と投資契約

　投資の条件交渉がまとまり，ベンチャーキャピタルの投資委員会で承認を受けて，投資が決定します。

　投資委員会とは，ベンチャーキャピタルにおける管理職から構成される合議体で，投資の可否を決定する組織です。

　投資が決定すると，ベンチャーキャピタルと起業家との間で投資契約書が締結されます。

　起業家には，ベンチャーキャピタルとの交渉プロセスを理解したアドバイザーをブレーンにするのが望ましいでしょう。

第4章

ベンチャーキャピタルの種類

ベンチャーキャピタルの分類方法にも様々なものがありますが、代表的な分類方法に、銀行系、証券会社系、独立系、事業会社系、業種特化系、といった分類があります。

ベンチャーキャピタルごとに投資スタンスが異なりますので、それぞれの特色を理解した上で交渉するべきでしょう。

以下、各ベンチャーキャピタルの特徴をご紹介します。

	概要	投資ステージ	投資対象分野	経営関与の程度	代表例
政府系	政府や公的組織により運営	限定なし	多種多様	ケースバイケース	産業革新機構東京中小企業投資育成等
証券会社系	証券会社の子会社	創業期投資にも積極的	多種多様 ITバイオに積極的	役員会等への参加が中心リードの場合、積極的に経営関与する場合もある	ジャフコ SMBCベンチャーキャピタル等
銀行, 生損保系	銀行、地銀・信金、生損保等の子会社等	創業期投資にはやや消極的であるが、近年は	多種多様	やや消極的。役員会等への参加が中心	三菱UFJキャピタル みずほキャピタル ニッセイキャピタル Femto

					等
		シード投資も増加傾向			
事業会社系	事業会社の子会社等	創業期投資にも積極的	親会社の関連事業とのシナジーを重視する傾向 IT関連が多い	積極的（役員派遣，技術支援，営業サポート等）	モバイル・インターネットキャピタル SBIインベストメント 伊藤忠テクノロジーベンチャーズ NTTドコモ・ベンチャーズ 電通デジタル・ホールディングス KDDI フジ・スタートアップ・ベンチャーズ 等
独立系	特定資本から独立	創業期投資にも積極的	多種多様	各ベンチャーキャピタルによってスタンスは大きく異なる	グロービス・キャピタル・パートナーズ 日本ベンチャーキャピタル WiL Globespan Warburg Pincus 等
業種特化系	業種特化	創業期投資にも積極的	モバイル・インターネット，バイオ等投資分野を絞っている点が特徴	業務提携斡旋，取引先紹介等ハンズオンに積極的	YJキャピタル サイバーエージェント・ベンチャーズ インフィニティ・ベンチャー・パートナーズ デジタルガレージ ユナイテッド 等

第5章

投資を受けるために用意する資料

ベンチャーキャピタルに投資を検討してもらうためには，下記のような資料の提出が要求されます。

必要資料	留意点
定款	最新の定款を用意。
登記簿謄本	法務局で最新の登記簿謄本（履歴事項全部証明書）を用意。
決算書	過去3期分程度の損益計算書と貸借対照表。
税務申告書	過去3期分程度の法人税申告書・法人住民税・事業税申告書が必要となります。これらの申告書は税務署等の受領印が押されたもので，決算書，勘定内訳書も添付されたものである必要があります。
月次残高試算表	直近月まで。
事業計画書	事業計画書は，少なくとも予想損益計算書は用意する必要があります。予想貸借対照表，予想キャッシュ・フロー計算書も作成可能であれば，作成しておく方が望ましいでしょう。
資金繰り表	6ヵ月先程度の，月次もしくは日次の資金繰り表（実績および予測）を用意しましょう。

借入金返済予定表	長期・短期，金融機関・借入先別に作成。
資本政策	ベンチャーキャピタルとの交渉における必須資料です。早い段階でドラフトを作成しておきましょう。資本政策は将来の状況変化に備えて複数パターンを用意しておきます。
株主名簿	株主名簿には下記を記載してエクセル等で作成します。 (1) 株主の氏名・住所 (2) 各株主の有する株式の種類および数 (3) 株券の番号および記号 (4) 各株式の取得年月日 ストックオプションを発行している場合は，新株予約権原簿も作成します。
公認会計士・監査法人のショートレビュー報告書（短期調査報告書）	既に監査法人のショートレビューを受けている場合に限り必要です。監査法人との監査契約を間近に控えていない場合，個人の公認会計士にショートレビューを依頼すると費用を抑えられます。
自社の製品サービス・技術に関する資料	会社案内，製品カタログ，新聞・雑誌記事等の説明資料。
経歴書	社長および役員の経歴書を作成します。
特許一覧	特許明細書，特許調査資料等。

　ベンチャーキャピタル等から投資を受けるために必要資料を揃えるための作業と所要時間は相当な負担となり，社内人員だけで行うとなれば日常業務に支障をきたすこととなるでしょう。事業を疎かにしないためにも，ベンチャーキャピタルの投資実務を理解した専門家のサービス利用も実際的な解決方法の1つといえます。

　また複数のベンチャーキャピタルと資金調達の交渉をする場合，資金調

達関連のマスターファイル（インフォメーションパッケージ）を1冊用意し，依頼があれば，そのファイルをコピー（コピーしやすいように，A4ホッチキスなし）して速やかに発送できるようにしておくのが望ましいでしょう。

第6章
ベンチャーキャピタル提出用事業計画の作り方

事業計画の様式は，ベンチャーキャピタルから雛形を提供された場合は，それを利用すればいいのですが，指定様式以外は認めないということはないようです。一般にＡ４用紙，文章部分はワードかパワーポイントで，数値部分はエクセル等で作成されることが一般的です。

1 エレベーターピッチ

ベンチャーキャピタルから資調達を受けるにはエレベーターに乗ってから，目的階に着くまでのような短時間で投資家にビジネスプランを説明できるようなプレゼンテーションを身に付けるべきです。

プレゼンテーションの場所は，何もエレベーターの中だけという意味ではなく，エレベーターに乗る30秒程度でも自社の事業が投資対象として魅力があることを説明できることがポイントです。

分厚いパワーポイントの事業計画を作ることが重要なわけでなく短時間でも投資対象として魅力を"直感的"に理解できるのがベストです。

2 エグゼクティブ・サマリー

多数のビジネスプランに目を通す多忙なベンチャーキャピタリストが簡

第6章　ベンチャーキャピタル提出用事業計画の作り方　247

単に目を通せるようにエグゼクティブ・サマリーを作成しましょう。エグゼクティブ・サマリーは，事業計画書のエッセンスをＡ４用紙１枚にまとめた資料です。内容をすぐに判読できるように，見出しを付けて箇条書きにしましょう。ベンチャーキャピタリストは，まずは，エグゼクティブ・サマリーに目を通すことによって投資案件をスクリーニングします。下記は，エグゼクティブ・サマリーの一例です。

エグゼクティブ・サマリー

●当社事業について
○○と○○によって，○○を提供する。

●５年間の利益計画

	○年	○年	○年	○年	○年
売上高	○○	○○	○○	○○	○○
経常利益	○○	○○	○○	○○	○○
当期利益	○○	○○	○○	○○	○○

●経営陣の略歴・組織図
○年以上の業界経験を有する経営幹部。

●当社のビジネスモデル
ビジネスモデル図，想定顧客，マーケティングミックス

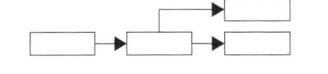

●当社事業の市場分析
現在の市場規模は○○○億円
○以内に年率○％で○○○億円まで到達すると想定

●当社の強みと弱み（SWOT 分析）

	機会　O	脅威　T
強み　S	強みを活かす	脅威を減らす
弱み　W	弱みを克服	撤退

●競合他社分析
主要な競合は○社等の数社。

●販売体制
販売拠点は○○○○○○

●事業化スケジュール
○○年　○○事業 ASP 化
○○年　○○システム開発完了
　　　　　　　⋮

●株式上場目標時期
○○年に株式上場目標

3 事業計画書の表紙

```
        株式会社○○○○
         事業計画書
    作成日　平成○○年○○月○○日




        ○○○○株式会社
     代表取締役　　○○○○　　㊞
```

P0

4 会社概要，事業開始の経緯

1．会社の概要
(1) 会社の概要

会社名	○○○○株式会社
登記上の所在地	○○県○○市○○町○○号○○ビル○階
電話番号	○○－○○○○－○○○○
メールアドレス	info@○○.com
ホームページアドレス	http://www.○○○.com
設立年月日	○○年○○月○○日
代表者名	○○○○

資本金	○○○○千円
発行済株式総数	○○○○株
従業員数	○○人

(2) 事業開始の経緯

○○株式会社（以下，○○）において，○○部門や○○へ出向等を通じ○○○○の経験を積んでいました。○○○○を契機に，○○を退職し，起業への模索を続け，ネットによる○○○○サイトを運営する○○株式会社を設立致しました。○○○○サイトは，従来の○○○のイメージ一新し，利用者と○○○○，○○○○，○○○○が，共にメリットを享受できるビジネスモデルです。

P1

5 経営理念・基本方針

2．経営理念・基本方針

株式会社○○の企業理念「社会に役立つ○○○価値の創造」
企業理念を実現するために，「適正な利益を確保」し，社員に対する「○○○の提供」という経営方針により，株主の皆様に対し，企業価値を高めていきたいと思っております。

P2

　経営理念および経営方針について記載してください。企業価値最大化といったスローガンではなく，お金儲けを超えた，自社の基本的価値観や社会における自社の存在理由を明確にしましょう。すぐれた経営理念・基本方針は，自社の意思決定原則であり組織全体が力を奮い立たせる効果があります。ザ・リッツ・カールトン・ホテルのクレドは自社の経営理念を構築する際には一読の価値があります。

> **"クレド"**
>
> 　リッツ・カールトンはお客様への心のこもったおもてなしと快適さを提供することをもっとも大切な使命とこころえています。
>
> 　私たちは，お客様に心あたたまる，くつろいだそして洗練された雰囲気を常にお楽しみいただくために最高のパーソナル・サービスと施設を提供することをお約束します。
>
> 　リッツ・カールトンでお客様が経験されるもの，それは感覚を満たすここちよさ，満ち足りた幸福感そしてお客様が言葉にされない願望やニーズをも先読みしておこたえするサービスの心です。
>
> 　（注）　クレドとはラテン語で信条・志を意味します。
>
> ザ・リッツ・カールトン・ホテルのホームページ
> http://corporate.ritzcarlton.com/ja/About/GoldStandards.htm # credo

　また，それらの企業グループ内での周知のための施策および周知の状況等について記載してください。

6 会社の沿革

3．　会社の沿革

平成○○年○○月○○日	当社設立
平成○○年○○月○○日	○○○○○○サイトを開設
平成○○年○○月○○日	○○○社と○○の包括業務提携締結
平成○○年○○月○○日	大阪支社開設
平成○○年○○月○○日	福岡営業所開設
現在に至る	

P3

設立経緯，目的，設立年月日等について記載してください。

「設立」とは，実質的な会社の設立をいうものとし，個人経営等，会社の組織形態にかかわらず記載してください。

7 業績推移

4．業績推移

(単位：千円)

	○○年度	○○年度	○○年度	○○年度
売上高	○○	○○	○○○	○○○○
経常利益	○	○	○○	○○○
当期純利益	△○	○	○	○○
純資産	○○	○○	○○	○○
従業員数	○○	○○	○○	○○

P4

8 経営陣の略歴・組織図

5．経営陣の略歴　組織図

役職	氏名	年齢	略歴	持株数
代表取締役	○○○	○○才	出身地，学歴，職歴，就任年月，資格	○○株
取締役	○○○	○○才	出身地，学歴，職歴，就任年月，資格	○○株
取締役	○○○	○○才	出身地，学歴，職歴，就任年月，資格	○○株

| 監査役 | ○○○ | ○○才 | 出身地，学歴，職歴，就任年月，資格 | ○○株 |

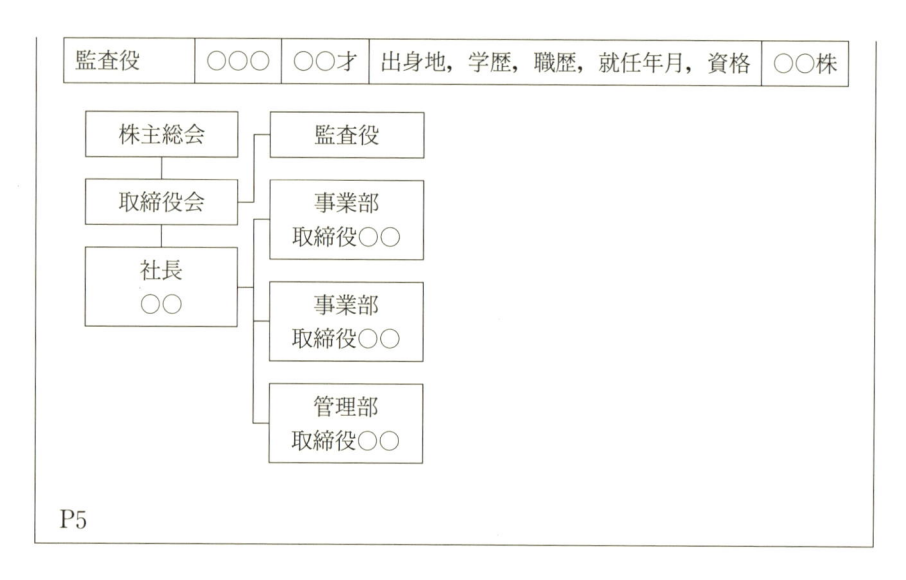

```
株主総会 ─┬─ 監査役
          │
取締役会 ──┼─ 事業部
          │   取締役○○
社長      │
○○        ├─ 事業部
          │   取締役○○
          │
          └─ 管理部
              取締役○○
```

P5

　役員等の経歴（最終学歴，貴社入社前の全職歴，貴社における主な職歴（担当業務），最近10年間の賞罰等）について記載してください。役員の職務経験・業界知識・専門技術が自社事業成功に活用されていることをアピールするとよいでしょう。他の会社から移籍した役員については具体的な移籍の経緯・理由を，退任した役員がいる場合には上記に加えて退任年月および退任の理由について記載してください。

9 株主一覧

6．株主一覧（平成○○年○○月○○日現在）

株主名	持株数	持株比率	関係	取引関係
○○○○	○○○株	○○%		
○○○○	○○株	○○%		
○○○株式会社	○○株	○○%		

○○○株式会社	○○株	○％	
○○○○	○○株	○○％	

P6

株主名，持株数，持株比率等について記載します。

役員との同族の株主については，その旨を記載してください。

また同族株主と取引関係がある場合，取引内容・金額，取引理由，取引条件，取引条件の決定方法等について説明してください。

10 取引金融機関一覧

7．取引金融機関一覧（平成○○年○○月○○日現在）

金融機関名	金利	借入残高	担保設定
○○○○銀行○○支店	○％	○○○○○千円	
○○○○銀行○○支店	○％	○○○○○千円	保証協会
○○○○銀行○○支店	○％	○○○○○千円	
○○○株式会社	○％	○○○○○千円	預金担保
○○信用金庫○○支店	○％	○○○○○千円	

P7

11 ベンチャーキャピタルが投資したくなる事業

```
8. 事業について
```

事業名	事業内容	○年度売上高	売上構成比
○○事業	○○○○○○○	○○○○千円	○%
○○事業	○○○○○○○	○○○○千円	○%
○○事業	○○○○○○○	○○○○千円	○%
○○事業	○○○○○○○	○○○○千円	○%
	合計	○○○○○○千円	100%

P8

　各事業の事業名，内容，実績売上高について記載します。
　ベンチャーキャピタルが投資をしたくなるような事業はどういった条件を満たしているのかは各ベンチャーキャピタルによっても様々であると思いますが，投資したくなる事業の一例をご紹介したいと思います。

1. 市場規模

　ベンチャーキャピタルは，既に巨大な市場があるか，もしくは将来巨大市場が見込まれる急成長分野に投資を行います。
　ざっくりにはなりますが，将来的に年間1,000億円以上の市場が見込まれるくらいの規模が求められます。
　株式上場できるだけの市場規模があることを説明する必要があります。
　成長市場でがんばるということは，上りのエスカレーターに乗るような

ものです。

一方，衰退市場でがんばるということは，下りのエスカレーターに乗るようなものです。市場自体が成長しているのであれば，自社が成長する可能性も高くなります。

2. 10倍ルール

「10倍ルール」とは，従来の製品，サービスにくらべ，同コストかそれ以下で10倍以上の価値を提供できる企業に投資するというルールです。

従来の製品，サービスに取って代わるような革新的な製品，サービスであれば，ベンチャーキャピタルもリスクを取ってでも投資する可能性があるということです。

アーリーステージでも積極的に投資するベンチャーキャピタルは，急成長する会社を好む傾向があります。

ベンチャーキャピタルに対して，市場の成長性を訴えるためには，市場規模推移，顧客ニーズ調査等の根拠資料を用意するとよいでしょう。

3. 2分の1ルール

成熟市場であっても，従来製品・サービスにくらべ，倍以上の価値のものを同価格かそれ以下，もしくは同価値のものを半値以下で提供できる会社であればベンチャーキャピタルの投資検討テーブルに乗ることが可能となります。

価値面の優位性については，"顧客目線で価格と比較した相対的価値は高いのか"，"既存製品・サービスに比較して差別化されているか"といった視点で訴求できるかを検討します。

また，既存企業のバリューチェーン（価値連鎖，研究開発→購買→生産→マーケティング→営業→物流→流通チャネル）と比較し，付加価値の大きさを説明するとよいでしょう。

コスト面の優位性については，"顧客の価格感受性が十分に高い製品・サービスであること"が重要です。また既存企業とのコスト構造を比較した根拠資料を用意するとよいでしょう。

4. 急成長市場の関連分野をターゲットとする企業

自社で新技術を開発していなくても，他社が新技術によって新たに創造した市場の関連分野を事業ターゲットとしている会社も，新市場の開拓のリスクを抑えつつ，成長市場に食い込める点で，ベンチャーキャピタルは投資に積極的になるでしょう。

5. 参入障壁はあるか

UFJキャピタル社長の中村明氏は，『ベンチャーの創造なくして日本の再生はない』（SSコミュニケーションズ）において，投資を判断する際，最初にチェックするのは「ベンチャー企業のビジネスの参入障壁が高いか低いか」という点であると指摘していますが，常に分かりやすく解説されているので，ご紹介したいと思います。

「やろうと思えば比較的誰でもできるビジネスは，参入障壁が低く，高い技術レベルが要求されたり，規制や認可で簡単にはビジネス化できないものは参入障壁が高い。参入障壁の高低によって，投資判断のポイントは大きく異なる」。

「小売業やフードサービス，あるいは流通業のような，参入障壁が低いビジネスの場合，最も重視しているのは「経営者」である」。

「参入障壁が低いビジネスは，他人が真似をするのは簡単なので，ありきたりな経営者では成功しないケースが多い。経営者の個性やリーダーシップが相当強いことが，成功する最大のカギだ」。

12 ビジネスモデル図

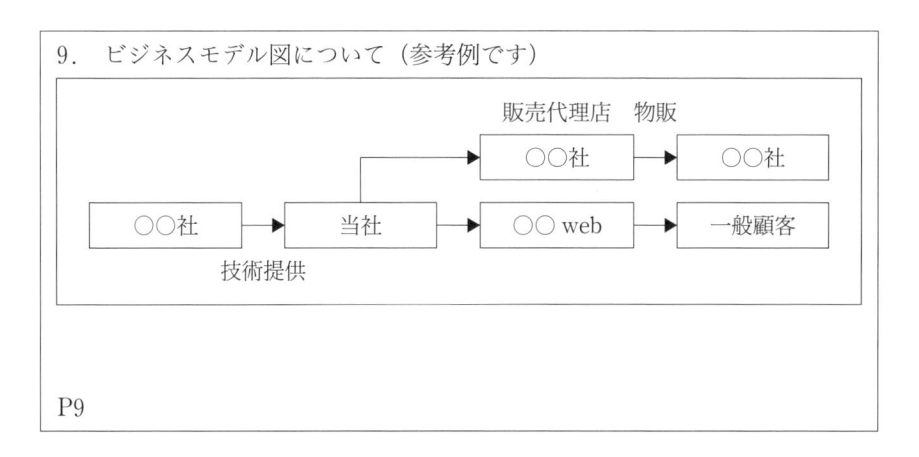

```
9．ビジネスモデル図について（参考例です）
                        販売代理店    物販
                          ○○社  →  ○○社
                     ↗
        ○○社  →  当社  →  ○○ web  →  一般顧客
        技術提供

P9
```

　自社のビジネスモデル（収益獲得の仕組みとしてのビジネスの手法やシステム）が，どのような事業構造で，想定顧客とどのような接点を持ち，どの部分で収益を計上するかということを説明することが必要となります。

　ビジネスモデルの解説では，事業の収益獲得の仕組みについて，分かりやすく説明します。ビジネスモデル図では，自社と顧客と仕入先を矢印と直線で結んで書き込みましょう。

　自社の商品・製品・サービスラインごとに顧客をセグメント化し，自社と各顧客を矢印と直線で結びます。同様に，仕入・外注先と自社を矢印と直線で結びます。ビジネスモデル図によってモノの流れとお金の流れが明確になります。

　自社の経営資源を使ってどのような顧客に対して，どのような価値を提供しているかというビジネスの設計図を記載します。

　ビジネスモデル図の各商流ごとにマーケティングミックスを検討する必要があります。

13 事業の市場分析

10．事業の属する市場の分析			
事業名	自社の属する業界	市場規模	
○○事業	○○業界	規模，将来の推移等，自社の業界順位等	
○○事業	○○業界	規模，将来の推移等，自社の業界順位等	
○○事業	○○業界	規模，将来の推移等，自社の業界順位等	
○○事業	○○業界	規模，将来の推移等，自社の業界順位等	

P10

⑴　市場分析

　ベンチャーキャピタルから資金調達を受けようとするのであれば，自社の目指すターゲット市場について，市場規模・業界分析を徹底的に行う必要があります。

　ベンチャーキャピタルは，市場や業界を調査し，業界における競争環境・ポジショニング・シェアを分析することで会社の成長戦略が実現可能なものかどうかを判断します。

　この市場規模の調査は，株式上場できるだけの市場規模があるのかという視点が必要です。

⑵　インターネットで市場調査データを無料で入手する

　①　Googleでのキーワード検索

　ターゲット市場の市場データを調べるには，最もお手軽な手段は，検索エンジンのGoogle（http://www.google.co.jp/）で，「○○業界」といっ

たキーワードを検索してみることでしょう。

② keizaireport.com

keizaireport.com（http://www3.keizaireport.com/）でも様々な業界に関する情報を無料で入手できます。

③ 各業界団体のホームページ

各業界団体のホームページからも，市場情報を入手できます。独自の調査レポートや電話での問い合わせが可能な場合があります。

④ 官公庁のホームページ

官公庁のホームページから様々な情報を得ることができます。総務省統計局のホームページでは，政府が実施する統計調査や各種マクロ統計データを入手することができます。

⑤ EDINET

有価証券報告書，有価証券届出書等の開示書類をインターネットから閲覧することが可能です。

https://info.edinet.go.jp/

⑶ 業種別審査事典

ベンチャーキャピタルは，ベンチャー企業から事業計画書を受け取ると，初期調査として，社団法人金融財政事情研究会から発刊されている『業種別審査事典』で業界調査を行います。『業種別審査事典』とは，日本国内の約1,370業種の業界市場動向，業務・製品に関する情報が記載された業界調査本（CD-ROM版もあります）です。

業種ごとに「業種の特色」，「業界動向」の項目があり，業界についての知識を得ることができます。

もちろん，これらの業界調査本によって業界調査を行えるのは，既に市場が確立された製品・サービスに限られるので，新規性の高い業種に関しての情報は記載されていない場合もあります。

しかしながら，少なくとも，類似業界の情報は調査し，投資検討先のターゲットとする市場の状況を推測する参考にはなります。

(4) シンクタンクの市場調査情報を購入する

① 矢野経済研究所

矢野経済研究所では，市場規模や業界構造市場についての詳細な調査レポートを購入することができます。

平均的には，10万円以上と高価ではありますが，これらの情報もベンチャーキャピタルが投資に前向きな場合には，既に情報を入手・分析している可能性が高いです。主要なベンチャーキャピタルは矢野経済研究所の法人会員になっているケースが多いと思われます。

② JETROビジネスライブラリー

ジェトロ海外事務所を通じて収集した世界各国の統計，会社・団体名簿，貿易・投資制度などの基礎的資料，関税率表などの実務に直結する資料等，多岐にわたる資料を入手することができます。

③ 帝国データバンク

帝国データバンクは企業情報データサービス会社です。倒産情報，信用調査書，企業財務ファイル等を入手することができます。

④ 東京商工リサーチ

帝国データバンクと同様の企業情報データベース会社です。

(5) インターネットリサーチ会社

マクロミル等のインターネットリサーチ会社を活用することで，簡単にインターネットアンケート調査結果を入手することが可能です。

14 競合他社分析

11. 競合他社分析

	自社	○○株式会社	○○株式会社
事業戦略			
現在の状況			
強み	自社のコアコンピタンスは何か？ KFSは何か？	競合他社のコアコンピタンスは何か？	
弱み	自社の事業展開上の弱みは何か？	競合他社の事業展開上の弱みは何か？	

P11

　競合他社分析では，事業のセグメント別に競合会社を示し，当該競合会社の特徴（取扱製品，事業展開等）および最近の動向，業界順位および市場占有率等を記載することが望ましいでしょう。

　競合他社の動向は，自社の収益性・成長性に多大な影響を与えます。自社のターゲット市場が魅力的であったとしても，多数の企業が激しい競争を繰り広げている場合，思ったほどの収益を確保できない場合があります。

　一方，自社のターゲット市場規模が小さく，成長性が低いような場合であっても，競合他社が少なく，圧倒的なシェアを確保できれば，高い収益率を確保できる場合もあります。

　「競争はほとんど，まったくありません」と主張する起業家を時折見かけますが，アメリカの有力な買収ファンドのパートナーであるリック・リッカートセンは「まったくのたわ言だ。ディールをより魅力的ににするど

ころか，ディールの魅力を損なっている。読み手はだれでも競争に直面していることを知っている。激しい，現実の競争だ。米国の経済には，競争が激しくなくて魅力的な業界は存在しない。この言葉が意味しているのは，経営者が無能で競争相手の存在を知らないか，読み手は無能でそんなことも分からないと見くびっているのかのどちらかでしかない。どのセクターにも競争相手はいるし，セクターの外からの脅威に直面することも多い。競合企業の名前を挙げて，うまく対処することだ。」と述べています（『バイアウト』リック・リッカートセン，ロバート・ガンサー〔著〕，サイエント・ジャパン㈱〔監修〕，伊能早苗〔訳〕，バンローリング，2002年）。

　事業計画においては，現在と将来の競合他社の参入がどれだけ想定され，自社の収益にどのような影響を与えるかを分析し，それらに適切に対応することが必要となります。

　以下では，競合他社の分析手法としてファイブフォース分析とSWOT分析をご紹介します。

(1) ポーターのファイブフォース分析

　業界内の競争環境の分析について，ポーターは，"ファイブフォース分析"という分析手法を提唱しています。ポーターの"ファイブフォース分析"では，業界を構成する既存競合他社との競争を含む"5つの競争要因"が業界の収益性率を決定していると考えます。

① 新規参入の脅威
② 業界内の競争業者の敵対関係の強さ
③ 代替品の脅威
④ 買い手の交渉力
⑤ 売り手の交渉力

　自社事業の収益性は，自社の属する業界自体の固有の収益性のみならず，その業界における自社の競争関係にも影響を受けるのです。

事業計画を作成する際には，ぜひ自社を"ファイブフォース分析"で分析してみてください。

① 新規参入の脅威

現在は，競合状況でなくても，将来競合の可能性がある他社の分析です。新規参入の容易さは参入障壁の高さによって大きく異なります。参入障壁が高ければ，どんなに魅力的な市場であっても，新規参入は進みません。

参入障壁は，「初期投資の大きさ」，「規模の経済が働くか」，「特許，独自の技術，ブランド等による差別化が困難」，「新規流通チャネル開拓が容易」，「政府の規制等が緩い」などが挙げられます。

新規参入が容易であると，業界内のプレーヤー数が増え，販売価格下落，収益率低下を招く恐れがあります。

参入障壁は，ベンチャーキャピタリストの投資判断に非常に大きな影響を与えることに留意する必要があります。

② 業界内の競争関係

業界内の競争関係とは，既存同業他社との競合関係です。

業界内の競争は，「競争者数が多い」，「固定費が高い」，「業界の成長性が低い」，「製品差別化が難しい」，「撤退障壁が高い」場合に，激しくなり，業界の収益性を低下させます。

業界内での聞き込みや，ホームページのＩＲ資料，新聞・雑誌等を通じて，競合他社の数，競合他社の事業戦略等の動向について十分な調査を実施すべきです。

③ 代替品の脅威

自社の製品・サービスに取って代わるような，他社の代替品がある場合，潜在的な競合関係にあると捉えなければなりません。代替品は，自社の製品価格を引き下げ，業界全体の収益性を低下させる恐れがあります。もし自社製品・サービスの代替品があるのであれば，代替品に対して差別化による優位性があるのかを十分検討する必要があるでしょう。

④ 買い手の交渉力

自社の顧客である買い手の交渉力が高まると，製品価格値下げを要求したり，より良い品質やサービスを求めたり，業界全体の収益性を低下させます。

「買い手にとって代替品選択肢が多い」，「買い手が売り手から大量購入している」，「売り手にとって，特定の買い手への依存度が高い」，「買い手が購入先を変更するコストは低い」，「買い手が売り手の製品・サービスに関する情報を持っており，相見積り可能」等の場合，業界内の収益率は低下します。買い手の交渉力が過大であると判断した場合，特定の買い手への依存度を引き下げる施策を検討する必要があるでしょう。

⑤ 売り手の交渉力

売り手の交渉力が高まると，売り手は価格を引き上げてきたり，品質を低下させてくるので，業界全体の収益性が低下します。

「売り手の製品・サービスが差別化されている」，「売り手にとって自社の位置づけが低い」，「売り手が少ない」，「売り手の製品・サービスが買い手の製品・サービスの品質面で重要」，「買い手が売り手を変更するコストが低い」等の場合には，業界内の収益性は低下します。売り手の交渉力が過大な状況であれば，特定の売り手への依存度を引き下げる施策を検討する必要があるでしょう。

(2) SWOT 分析

SWOT 分析とは，"自社の内部環境"である，自社の強み（Strength）と弱み（Weakness），"自社を取り巻く外部環境"である事業機会（Opportunity），脅威（Threat）の4つの軸から評価する手法です。SWOT は，4つの軸の頭文字を取ったものです。この SWOT 分析は上場申請時に作成するⅡの部での記述が求められます。

① 自社の強み（Strength）においては，自社が他社に比べて強い点は

何か？を明らかにします。自社の強みは，どのような内部経営資源を有しているかに依存します。自社の強みを決定づける内部経営資源の特質（VRIO 分析）として，以下の 4 点が挙げられます。
(i) 内部経営資源の価値（Value）
(ii) 内部経営資源の希少性（Rare）
(iii) 内部経営資源を模倣できる可能性（Impossible to imitate）
(iv) 内部経営資源を開発できる組織（Organization）
② 弱み（Weakness）においては，自社が他社に比べて弱い点は何か？を明らかにします。
③ 事業機会（Opportunity）においては，自社にとっての事業機会（ビジネスチャンス）は何かを明らかにします。
④ 脅威（Threat）においては，自社の事業に悪影響を与える脅威を明らかにします。

SWOT 分析の結果は，単なる問題点の列挙に過ぎません。重要なことは，外部経営環境と内部経営資源を的確に把握し，事業機会と自社の強みを活かし，脅威と弱みをカバーするような経営戦略を立案することなのです。

SWOT 分析

	機会 Opportunity	脅威 Threat
外部経営環境		
内部経営資源	強み Strength	弱み Weakness

15 事業のマーケティング戦略について

12. 事業のマーケティング戦略について							
事業名	想定顧客	購買決定要因	商製品，サービス Product	価格 Price	プロモーション Promotion	チャネル Place
○○事業	○○○	○○○	○○○	○○○	○○○	○○○
○○事業	○○○	○○○	○○○	○○○	○○○	○○○
○○事業	○○○	○○○	○○○	○○○	○○○	○○○
○○事業	○○○	○○○	○○○	○○○	○○○	○○○

(1) 商品・製品・サービス戦略の詳細
　　自社商品・製品・サービスの特徴，品質，性能，デザイン，ブランド
(2) 価格戦略の詳細
　　競合他社との価格比較。市場浸透価格戦略，上層吸収価格戦略等
(3) プロモーション戦略の詳細
(4) チャネル戦略の詳細

P12

(1) 商品・製品，サービス（Product）

　商品・製品，サービス戦略では自社の商品・製品，サービスの内容・特徴，強み・弱み等を説明する必要があります。品質，性能，デザイン，ブランドアフターサービス等の視点で，競合他社に比較した自社の優位性を説明します。

　自社の優位性を前提に顧客が購買決定する理由を明らかにしていくのです。

⑵ 価格（Price）

　価格戦略においては，十分な利益を確保しつつ，顧客にとっても値頃感のある価格決定が求められます。自社の商品・製品，サービスが汎用的（コモディティ）なものか差別化（スペシャリティ）されたものかによって，需要の価格弾力性は異なります。

　したがって，自社にとって最適な価格戦略を立案する必要があります。価格戦略の代表的なものには，市場浸透価格戦略（低めに価格設定し，薄利多売で市場に浸透させる），上層吸収価格戦略（高価格設定，高くても購入してくれる一部顧客のみを対象），マルチコンポーネント利益モデル（顧客の需要価格弾力性に応じて同一製品に異なった価格設定。例；コカコーラ），製品ピラミッド利益モデル（製品群の価格設定に関し，他社参入を封じ込める特定製品について採算を度外視した低価格設定；マクドナルド），販売後利益モデル（買い手の価格感応度が高い製品の販売時については低価格を設定し，販売後のアフターサービスから利益を回収する。例；コピー機）等があります。

　なお，価格戦略はこの他にも数多くのものがありますが，価格戦略を詳細に理解するためには，A・J.スライウォツキーの著作がお奨めです。

　『ザ・プロフィット　利益はどのようにして生まれるのか』（A・J.スライウォツキー〔著〕，中川治子〔訳〕，ダイヤモンド社，2002年），『プロフィット・ゾーン経営戦略—真の利益中心型ビジネスへの革新』（A・J.スライウォツキー，D・J.モリソン〔著〕，恩蔵直人，石塚浩〔訳〕，ダイヤモンド社，1999年）は価格戦略立案に非常に参考になると思います。上記書籍では，23の利益モデル（価格戦略）が紹介されています。

A・J.スライウォツキーの23の利益モデル

①顧客ソリューション利益モデル，②製品ピラミッド利益モデル，③マルチ

コンポーネント利益モデル，④スイッチボード利益モデル，⑤時間利益モデル，⑥ブロックバスター利益モデル，⑦利益増殖モデル，⑧起業家利益モデル，⑨スペシャリスト利益モデル，⑩インストール・ベース利益モデル，⑪デファクト・スタンダード利益モデル，⑫ブランド利益モデル，⑬専門品利益モデル，⑭ローカル・リーダーシップ利益モデル，⑮取引規模利益モデル，⑯価値連鎖ポジション利益モデル，⑰景気循環利益モデル，⑱販売後利益モデル，⑲新製品利益モデル，⑳相対的市場シェア利益モデル，㉑経験曲線利益モデル，㉒低コスト・ビジネスデザイン利益モデル，㉓デジタル利益モデル

⑶ チャネル (Place)

チャネル戦略においては，自社の商品・製品，サービスを顧客まで届けるのかという販売チャネル構築を決定します。販売チャネル構築では，顧客カバー率，粗利率，販売拠点・営業人員等の営業コスト，取引条件，商慣行等を勘案し，各製商品・サービスごとにチャネルの段階（顧客に直販 or 代理店を活用）と幅（閉鎖 or 開放）を決定する必要があります。

⑷ プロモーション (Promotion)

プロモーション戦略では，自社の商品・製品，サービスをどのように拡販するのかを計画します。プロモーションの方法には，広告宣伝（テレビ，インターネット，新聞，雑誌等），販売促進，人的販売，パブリシティ等があります。

また，プロモーション失敗の可能性について言及し，そのリスク対応を説明するべきでしょう。

16 事業の生産・仕入・開発体制について

12．事業の生産・仕入・開発体制について

事業名	生産・仕入・開発体制	生産・仕入・開発体制の特徴
○○事業	生産体制，仕入ルート，開発能力	
○○事業		
○○事業		
○○事業		

P13

　事業の生産・仕入・開発体制の特徴や強みについて記述します。
　自社の商品・製品，サービスを顧客に提供できるという技術的な裏づけを説明しなければなりません。
　具体的には，商品・製品，サービスを生産・仕入・開発するためのプロセス，設備，ノウハウ等について記述します。

17 事業化スケジュール

14．事業化スケジュール

事業名	○○年度	○○年度	○○年度
○○事業	○○事業ASP化		○○に海外子会社設立
○○事業		○○システム開発完了	
○○事業		○○サービス開始	

アクションプラン

```
○○○○○○○○
○○○○○○○○
P14
```

事業化スケジュールは，売上・利益予測や資金需要の予測に大きな影響を与えます。開発の遅れや，市場導入がスムーズに進まない場合の不確実性を織り込む必要があります。

新規事業については，自社の開発技術を基に，経営戦略に適合した製品やサービスを適切な時期に事業化できるようマイルストーンが特定されて，適切にマネジメントされていることが重要です。

一般に，新規事業の事業化プロセスは，①市場発見，②製品コンセプト（顧客が製品・サービスを購買したいと思う理由）の確立，③フィジビリティスタディ，④製品サービスの開発，⑤事業化というステップを進みます。

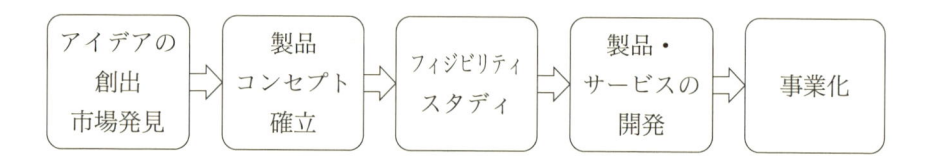

アイデアの創出 市場発見 → 製品コンセプト確立 → フィジビリティスタディ → 製品・サービスの開発 → 事業化

18 主要販売先

15．主要販売先

(単位：千円)

販売先名	○○年度売上高	構成比	決済条件
○○事業	○○○○○	○○％	○日締○日現金払
○○事業	○○○○○	○○％	○日締○日現金払
○○事業	○○○○○	○○％	○日締○日現金払

○○事業	○○○○○	○○％	○日締○日手形払
・	・	・	・
・	・	・	・
・	・	・	・
・	・	・	・

P15

　主要な販売先について，上位10社程度の売上高と構成比について記述します。

19 主要仕入先・外注先

16．主要仕入先・外注先

（単位：千円）

販売先名	○○年度仕入高・外注高	構成比	決済条件
○○事業	○○○○○	○○％	○日締○日現金払
○○事業	○○○○○	○○％	○日締○日現金払
○○事業	○○○○○	○○％	○日締○日現金払
○○事業	○○○○○	○○％	○日締○日手形払
・	・	・	・
・	・	・	・
・	・	・	・

P16

　主要な仕入先・外注先について，上位10社程度の仕入高・外注高と構成比について記述します。

また仕入先変更・仕入条件変更の可能性について言及し、そのリスク対応を説明するとよいでしょう。

20 知的財産権について

17. 知的財産権について

名称	内容	発明人	出願人	会社との契約関係	有効期間
		○○○	○○○		
		○○○	○○○		
		○○○	○○○		
		○○○	○○○		

P17

ベンチャー企業の参入障壁である特許権，実用新案権，商標権等の内容について記述します。

21 経営上の重要な契約について

18. 経営上の重要な契約について

名称	内容	相手先	期限	その他

P18

　ベンチャーキャピタルの経営上の重要な契約のチェックポイントは以下のようなものがあります。
- 発行会社が負っている契約上の権利・義務は何か？
- 契約義務を履行することが可能か？
- 契約が規定する債務不履行事由は何か？　債務不履行事由に該当しないか？　債務不履行の場合の救済措置はあるか？
- 契約の解除または解約事由は何か？　契約解除の事業への影響はあるか？
- 契約期間は満了か？　存続しているのか？
- 各種業法等の法令を遵守しているか？

（参考；『法務デューデリジェンスの実務』長島・大野・常松法律事務所〔編〕，中央経済社，2006年）

22 設備の状況について

19．設備の状況について

名称	簿価	時価	面積	所有権
建物（本社）	—	—	○○○○㎡	賃貸
建物附属設備	○○○○千円	○○○○千円	—	
機械設備	○○○○千円	○○○○千円	—	
工具器具備品	○○○○千円	○○○○千円	—	リース
ソフトウェア	○○○○千円	○○○○千円	—	当社

P19

設備の内容，簿価，時価について記述します。

23 会計処理基準について

20．会計処理基準について

項目	会計処理基準（サンプルです）
売上	出荷基準，検収基準，配信基準，最新報告書到着日基準等
仕入・外注費	検収基準
有価証券	売買目的有価証券；時価基準，その他有価証券；時価基準
たな卸資産	先入先出法による原価法，総平均法による原価法等
有形固定資産	法人税法による定額法，法人税法による定率法等
引当金	個々の債権の回収可能性を勘案して計上等
消費税	税抜方式，税込方式等

P20

　株式上場準備会社は，"一般に公正妥当と認められる企業会計の基準"に準拠して財務諸表を作成する必要があります。"一般に公正妥当と認められる企業会計の基準"に準拠していない場合，上場申請直近2事業年度以前に変更することが必要となります。

　会計処理基準のチェックポイントは以下のようなものがあります。
- 売上が実現主義に基づいて収益計上されているか？
- 棚卸資産の評価方法として，最終仕入原価法を採用していないか？
- 有価証券の評価基準は金融商品会計に準拠して，保有目的ごとに適切

に評価しているか？
- 引当金は，税法に拘束されることなく，合理的な算定根拠に基づいて計上されているか？

等

24 関係会社について

21．関係会社について		
関係会社	○○株式会社	○○株式会社
設立	○年○月	○年○月
社長	○○○○	○○○○
出資額・出資比率	○○○百万円　○○％	○○○百万円　○○％
従業員数		
取引内容	○○○向け販社	○○○○○のメンテナンス
取引額		
当社から借入れ	○百万円	○百万円
決算日	○○月○○年○○月	○○月○○年○○月
売上高	○○百万円	○○百万円
経常利益	○百万円	○○百万円
税引後利益	○百万円	○○百万円
総資産		
純資産	○百万円	○百万円

P21

関係会社のチェックポイントは以下のとおりです。
- 経営戦略に照らして，子会社が存在することの合理性はあるか？
- 関係会社を通じた不正取引や利益流出の恐れはないか？

- 決算操作の可能性はないか？
- 業績不振関係会社については，再建見込はあるか？

> **関係会社の定義**

- 「人的関係会社」とは，人事，資金，技術，取引等の関係を通じて，上場予定会社が他の会社を実質的に支配している場合または他の会社により実質的に支配されている場合における当該他の会社をいうものとする。
- 「資本的関係会社」とは，上場予定会社（その特別利害関係者を含む）が他の会社の議決権の100分の20以上を実質的に所有している場合または他の会社（その特別利害関係を含む）が上場予定会社の議決権の100分の20以上を実質的に所有している場合における当該他の会社をいうものとする。

25 社外機関について

22．社外機関について

社外アドバイザー	氏名	内容
会計事務所	○○会計事務所	税務申告書レビュー
公認会計士	○○○	決算レビュー，監査法人対応サポート
コンサルティング会社	○○○	人事コンサルティング
監査法人	○○○監査法人	会計監査，公開準備指導
証券会社	○○証券	上場準備指導
信託銀行	○○信託銀行	株式実務指導
印刷会社	○○印刷	上場申請書類書式提供，各種セミナー
弁護士	○○法律事務所	リーガルチェック，コンプライアンス対応

P22

経営指導等を目的としたコンサルティング契約・顧問契約等を締結している場合には，その具体的な内容（契約締結年月，契約の相手先，契約の名称，契約の概要（期間，報酬額，成果等））について記載してください。

　社外機関の活用状況を通じて，社外のアドバイザーの支援体制や上場準備体制の整備状況の把握をすることができます。

第7章

事業計画(数値モデル)の作成

　事業計画の数値モデルは，予想損益計算書，予想貸借対照表，予想キャッシュ・フロー計算書，売上原価・経費・人員計画等が有機的に連関した体系的なモデルとして作成される必要があります。さらに，事業計画は予算と連動していることが必要となります。

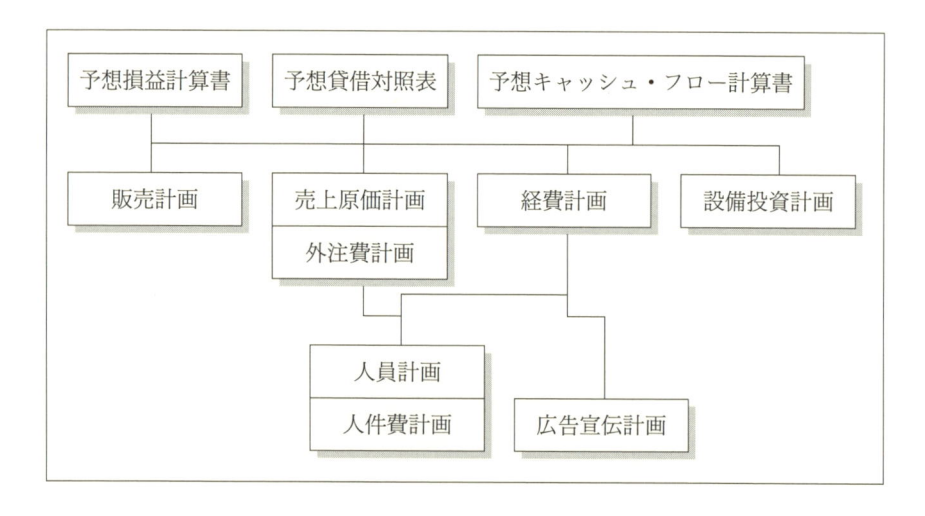

```
┌─────────────┬─────────────┬─────────────────────┐
│予想損益計算書│予想貸借対照表│予想キャッシュ・フロー計算書│
└──┬──────────┴──┬──────────┴──┬──────────┬───────┘
   │             │             │          │
┌──┴───┐    ┌───┴────┐    ┌───┴───┐  ┌───┴────┐
│販売計画│    │売上原価計画│    │経費計画│  │設備投資計画│
└──────┘    ├────────┤    └───┬───┘  └────────┘
            │外注費計画│        │
            └───┬────┘        │
                │             │
           ┌────┴───┐    ┌────┴─────┐
           │人員計画 │    │広告宣伝計画│
           ├────────┤    └──────────┘
           │人件費計画│
           └────────┘
```

1 予想損益計算書の作成

1. 売上の予測の2つのアプローチ

(1) 売上予測の一般的アプローチ

売上予測のアプローチには，2つの方法が考えられます。

第1に，目標売上高からスタートして，予想売上を試算する方法，第2に，実績売上高からスタートして，見積りを加減算して予想売上を試算する方法です。

目標売上高からスタートして，予想売上を試算する方法には，"需要側から予想売上を試算するアプローチ"と"供給側から予想売上を試算するアプローチ"があります。

需要側から予想売上を試算するアプローチとは，市場全体の需要予測を行い，競合他社の動向，マーケティング力を勘案して市場全体に占める自社のシェアを予測し，予想売上を試算する方法です。自社シェア予測の精度は，市場規模予測と競合他社動向によって大きな影響を受けることに留意が必要です。

供給側から予想売上を試算するアプローチとは，経営上，財務上，その他の内部経営資源の制約の下で，ベンチャー企業が成長可能な速度を割り出して，予想売上を試算する方法です。

これら2つの予想売上は，いずれの場合も予想売上値に現実的な要因を加減算して修正を施します。

実績売上高からスタートして，見積りを加減算して予想売上を試算する方法は，過去の実績値を時系列に分析し，過去の売上伸び率等を考慮し，予想売上を設定します。

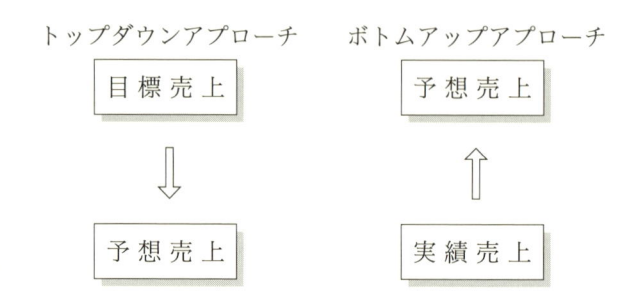

```
トップダウンアプローチ      ボトムアップアプローチ

    目 標 売 上              予 想 売 上
       ⇓                        ⇑
    予 想 売 上              実 績 売 上
```

(2) ベンチャー企業の売上予測のアプローチ

　ベンチャー企業の売上予測では，設立間もないため実績値を入手することができない場合があります。そういった場合，ベンチマークとなる自社に類似する上場企業の株式上場前過去実績を目論見書等から入手し，仮説を設定することになります。

　具体的には，類似上場企業の未上場時代の売上高，売上高成長率に関する実績値を使って，自社の予想売上を試算します。

2. 売上予測方法

　予想損益計算書をいかに合理的に作成できるかは，現実的で根拠のある正確な売上予測の精度如何にかかっています。

　売上高を予測するには，売上高を事業別・製品別・地域別といったセグメントに細分化します。

　次に各セグメント別に売上高を売上高＝単価×数量に分解します。したがって，財務モデルでの売上高予測では，売上高を，予想単価と予想数量の積の形で表現し，単価だけを変更した場合，数量だけを変更した場合に，売上高が連動するようにモデル設定します。

(1) 売上の予測方法

　売上の予測方法には様々な方法がありますが，いずれにしても，売上＝

単価×数量で求められます。

事業の特質を考慮して、最も的確に売上を予測ができる単価と数量の組み合わせを設定します。

① 店舗型事業の場合

店舗での物販や、外食事業などを行うような場合、各店舗の売上予測については、以下の算式が用いられます。

売上＝顧客単価×顧客数×営業日数
売上＝顧客単価×席数×回転数×営業日数

顧客単価や回転数等を業界団体の統計資料や業界専門誌等を参考にして設定してみるとよいでしょう。

多店舗展開をしている場合、以下の算式を用いることもあります。

売上＝1坪当たり売上高予想額×売り場面積×店舗数

1坪当たり売上高予想額が正確に把握でき、なおかつ売り場面積に比例して、売上が拡大する場合に妥当する算式です。

② 労働集約的事業の場合

従業員の数に比例して売上が拡大するような労働集約的事業（コンサルティング事業等）の場合、以下の算式が用いられます。

売上＝1人当たりの売上予想額×販売員数

営業マンの販売力に依存する事業やコンサルティング事業等はこの算式で売上予測できるでしょう。

③ インターネットビジネスを行う場合

インターネットビジネスを行う場合，以下のような数式を用いることが可能でしょう。

> 売上＝ウェブサイトのアクセス数×注文率×平均取引額

また，ウェブサイトでネット広告モデルの事業を行う場合，以下のような数式を用いることが可能でしょう。

> 売上＝ウェブサイトのアクセス数×クリック率×１クリック当たりの広告費収入

(2) 売上高予測での留意ポイント

売上高は，景気動向，法規制，技術革新等のマクロ環境変化や，業界内の競争環境といった外部経営環境の影響も受けます。

また，自社のマーケティング戦略，新商品開発，設備投資といった内部経営環境の影響を受けます。売上高予測では外部経営環境や内部経営環境を総合的に勘案して実施する必要があります。

(3) 販売費及び一般管理費の予測

販売費及び一般管理費の予測は，一般的に変動費と固定費に分けて行います。変動費は売上高の一定割合をもって予測し，固定費は売上高の推移とは別途予測することになります。特に利益に与える影響の大きい，金額的重要性の高い勘定科目については精緻な予測を行うことが望ましいといえます。以下に，販売費及び一般管理費の予測数式を示します。

- 人件費＝従業員数×１人当たり人件費　従業員数＝既存従業員数＋新規採用数

- 人材採用費＝新規採用数×新規採用者の年収×採用コスト率（20％〜35％程度）
- 事務所家賃＝従業員数×1人当たり必要床面積（坪数）×事務所所在地の平均坪単価
- 水道・ガス関連費用＝従業員数×1人当たり水道・ガス関連費用
- 光熱費＝事務所床面積×床面積当たりの平均的光熱費

3. 人件費予測

人件費の予測においては，人員計画に基づき人員数増加の内訳（報酬体系の異なる階層区分，役職等）と人件費算出の根拠を明確にする必要があります。

役員，管理職，一般社員等の報酬体系の異なる階層に分けて，1人当たりの人件費（給与，法定福利費，福利厚生費）と人員数月次推移表をエクセル等の表計算ソフトに設定します。

人件費＝従業員数×1人当たり人件費
従業員数＝既存従業員数＋新規採用数
人材採用費＝新規採用数×新規採用者の年収×採用コスト率（20％〜35％程度）

1人当たりの人件費×人数のデータが予想損益計算書の人件費のセルに飛ぶようにリンクを貼り付けます。

1人当たりの人件費マスター

	1人当たり給与	1人当たり賞与	1人当たり法定福利費	1人当たり福利厚生費
役員	1,000万円	―		
管理職	600万円	200万円	給与×12.9％（※）	給与×4.8％（※）

一般社員	400万円	100万円	給与×12.9%（※）	給与×4.8%（※）
アルバイト	120万円	—	給与×12.9%（※）	給与×4.8%（※）

（※） 経団連発表の「第50回福利厚生費調査結果（2005年度）」（2007年1月16日）を参考。

人員数

(単位；人)

	4月	5月	〜	2月	3月
			〜		
役員	3	3	〜	4	4
管理職	10	10	〜	11	11
一般社員	25	28	〜	32	38
アルバイト	3	5	〜	5	6

2 予想貸借対照表作成

　売掛金，棚卸資産，買掛金，固定資産の適切な試算を行うことがポイントです。その他の資産については，大雑把な見積りでも支障をきたすことはないでしょう。

(1) 売掛金，棚卸資産，買掛金の金額の予測

　売掛金の金額を予測するには，予想売上高に予想売掛金回転率を乗ずることで求められます。

> 予想売掛金＝予想売上高×売掛金の予想回転率

　売掛金の回転率とは，実績売掛金／実績売上高のことで，売掛金が売上高に占める割合です。売掛金の回収期間が長くなれば長くなるほど，回転

率は大きくなります。なお，売掛金の回収期間は業界慣習に左右されます。

棚卸資産の金額を予測するには，予想売上高に予想棚卸資産回転率を乗ずることで求められます。

$$予想棚卸資産＝予想売上高×棚卸資産の予想回転率$$

棚卸資産の回転率とは，実績棚卸資産／実績売上高のことで，自社が保持する棚卸資産が売上高に占める割合です。

買掛金の金額を予測するには，予想売上高に予想買掛金回転率を乗ずることで求められます。

$$予想買掛金＝予想売上高×予想買掛金の回転率$$

買掛金の回転率とは実績買掛金／実績売上高です。

(2) 固定資産残高の予測

固定資産の金額を予測するためには，設備投資計画を立案する必要があります。

$$固定資産＝固定資産取得価額－減価償却費$$
$$減価償却費＝固定資産×減価償却率$$

設備投資計画では，今後，数年間の設備投資計画と，減価償却費を試算するため，主要な固定資産の耐用年数を見積る必要があります。

(3) 借入金・資本金の金額の予測

借入金や資本金の金額を予測するためには，資金計画を作成する必要があります。

資金計画では，借入れ・返済のスケジュール表を作成する必要があります。また，資本政策を反映した増資の計画を織り込む必要があります。

予想貸借対照表を作成するには，無料でダウンロードできるエクセル・テンプレートをご活用ください。
（参考；https://www.ness/management_plan）

3 予想キャッシュ・フロー計算書作成

予想貸借対照表が作成されることで，結果として予想キャッシュ・フロー計算書も作成することが可能となります。この予想キャッシュ・フロー計算書は，予想損益計算書，予想貸借対照表と連動するようにモデルを設定するべきです。

予想キャッシュ・フロー計算書を作成することで，必要な資金調達額を自動的に算出することが可能となります。

4 事業計画の精度による追加増資可能性に与える影響

精度の高い事業計画が資本政策の実効性を確保します。

事業計画が想定通りに達成されない場合，例えば，売上予測誤り，資金繰り予測誤り，公募価格の下振れ，予想外の支出等は資本政策に重大な影響を与えるのです。すなわち，必要な資金調達額や安定株主，創業者利潤に大きな影響を与えます。

事業計画を過度に楽観的に作成することで，投資をしてくれるベンチャーキャピタルが現れるかもしれませんが，事業計画の実現可能性は低下するでしょう。一時的にベンチャーキャピタルから資金を調達できたとしても，次の増資ラウンドでの追加増資を受けづらくなるでしょう。

近視眼的経営ではなく，実現可能な事業計画を作成することが重要です。

第8章

投資契約書のチェックポイント

　ベンチャーキャピタル等投資家から出資を受ける場合においては，通常，投資契約書の締結を求められます。

　会社にとって不利な投資契約をベンチャーキャピタル等の投資家と締結しないために，投資契約書を正式に締結する前に十分に内容を検討する必要があります。

　まず，経営者は，この投資契約書は交渉によって内容が変わり得るものであるという基本認識を持つ必要があります。

　投資する側であるベンチャーキャピタルは自分に有利な投資契約を起業家にそのまま受け入れてもらいたいと思っています。すなわち，低い株価で大量の株を欲する傾向があります。

　また投資契約書には，会社側に不利になる条項が入っている可能性がありますので，投資契約書に詳しいアドバイザーに一度内容を見てもらった方が安全です。投資契約書の各条項をの1つひとつを丹念に吟味する必要があるのです。

1 表明保証条項

　表明保証条項とは，投資契約締結時，ベンチャーキャピタル等に対して，粉飾のない財務資料や重要な経営資料等を全て開示した旨，会社関係者に

よって行われた説明は全て正しい旨等について、会社および経営者に表明してもらい、真実でなかったことによってベンチャーキャピタルが被る損害について責任を持つ旨を保証してもらう条項です。

表明保証条項の検討においては、どのような内容について表明保証をさせられるのか、投資契約書の内容を吟味する必要があります。具体的には、表明保証違反に基づく責任が過大でないか？ 損害賠償義務や表明保証責任追及期間の限定が必要か？ を検討することになります。

> （表明保証条項の例）
> - 発行会社が投資者に提示、交付した財務諸表は法令および定款に適合し、かつ一般に公正妥当と認められる企業会計基準に準拠して作成され、会社の財政状態および経営成績を適正に表示しており、本財務諸表に記載されていない重要な簿外取引または債務は存在していないこと。
> - 発行会社および経営者が反社会的な組織との関係がないこと。
> - 発行会社を当事者とする訴訟その他の手続、または政府もしくは行政・税務その他の手続は現在係属しておらず、また将来においても提起される可能性もないこと。

例えば、上記のように訴訟等がない保証ではなく、訴訟の可能性がないことまでを保証範囲に入れる条項は、責任が無限に広がる恐れがありますので、注意する必要があります。

保証条項としては、「現在、訴訟になっておらず訴訟外の請求も受けていない」といった範囲に留めておくのが望ましいでしょう。

2 通知条項・承諾条項

一定の事項（多額の借入れ、組織再編、経営者変更、増資等）に関して、ベンチャーキャピタルから、「通知」や「承諾」を求められる条項を投資

契約に入れられるケースがあります。

> （通知条項の例）
> - 株式上場予定時期，上場予定市場についての決定または変更
> - 第三者から発行会社に対して，発行会社の買収，営業譲渡，合併等の提案がなされた場合の提案内容
>
> （承諾条項の例）
> - 発行会社の資産の第三者への譲渡
> - 発行会社による，第三者への融資，債務保証，または担保提供

「通知」の場合，ベンチャーキャピタルに一定の事実を知らせることだけで十分であり，意思決定自体は，発行会社で決定することができます。

一方，「承諾」の場合，ベンチャーキャピタルの承諾が得られないと意思決定を実行することができないことから，少数株主であるベンチャーキャピタルに対して一種の拒否権を与えることになるのです。

また承諾ではなく，通知条項でも事前通知が要求される場合，事実上の承諾と変わらない可能性（ベンチャーキャピタルから意思決定の差止めを求められる場合）もありますので，「各事項が生じた場合には，速やかに書面をもって投資者に通知する」といった記載が望ましいでしょう。

投資契約の通知条項や承諾条項の検討の際は，その条項が経営の自由度を著しく制約する可能性が高いと判断した場合は，可能な限り，通知条項にしてもらうよう交渉すべきことになります。また，承諾条項を受け入れざるを得ない場合，承諾条項を可能な限り限定することが望ましいでしょう。

仮に会社側が「通知」を希望している状況で，ベンチャーキャピタル側が「承諾」を強行に主張しているようなケースでは，妥協案として「協議」を提案してみる余地があります。

> （協議条項の例）
> 　以下の事項について，発行会社が決定をする場合，投資者と随時協議を行う。
> - 定款の変更
> - 株式，新株予約権または新株予約権付社債の発行

3 株式買取条項

　株式買取条項とは，一定の要件に該当した場合，会社（経営者も含みます）に対して株式買取りを請求できる権利です。

　発行会社と経営者にとって，株式の買取りの資金負担は想像以上に大きいものです。したがって，経営者にとっては，可能な限り，投資契約に株式買取条項が存在しない状況が望ましいといえます。

　株式買取請求権の権利が実際に行使されるケースは稀ですが，ベンチャーキャピタルと会社の関係が悪化した場合に，買取請求権行使をちらつかされるケースがあります。

　少数株主であるベンチャーキャピタルによって，経営の自由を大幅に拘束される可能性もあります。

　仮に，株式買取条項が発動する一定の要件が，容易に抵触しない内容であれば，さほど気にすることはありません。

　一方，株式買取条項が簡単に発動する可能性が高い場合には，投資契約締結段階で条項削除や内容変更をベンチャーキャピタルと交渉する必要があります。

　また，仮に株式買取条項を受け入れるとしても，引受株主にとって投下資金を回収できないリスクを低下させる効果（一種のプットオプション付の株式）があるわけですから，その効果を株価にも織り込むよう交渉する

余地もあると思われます。

> （株式買取条項の例）
> 　発行会社および経営支配者は，以下のいずれかの事由が発生した場合，投資者の請求により，投資者の保有する発行会社の株式の全部または一部を法令の範囲内で連帯して買い取るよう請求できるものとし，発行会社および経営支配者は，投資者の請求にかかる発行会社株式を買い取らなければならない。
> 　(1)　発行会社提出の書面の記載事実に虚偽記載または瑕疵があった場合
> 　(2)　理由の如何を問わず，発行会社の事業の全部または重要な一部が継続して1ヵ月中断した場合
> 　(3)　発行会社が○年○月○日までに株式上場を断念した場合

　例えば，株式買取条項自体の削除をベンチャーキャピタルに受け入れてもらえない場合でも，「投資者の請求にかかる発行会社株式を買い取らなければならない。」という法的義務の文言について，「投資者の請求にかかる発行会社株式を買い取る努力または第三者へ買取りを斡旋するよう努力する。」といった努力義務に文言変更の交渉をしてみる価値はあるでしょう。

　上記例示の株式買取条項要件(1)の「発行会社提出の書面の記載事実に虚偽記載または瑕疵があった場合」という文言については，「発行会社提出の書面の記載事実に重要な虚偽記載または瑕疵があった場合」というように要件を限定するよう交渉すべきです。軽微な虚偽記載や瑕疵について，株式買取りを請求されないためにも，買取義務の生じる要件の限定が必要となります。

　上記例示の株式買取条項要件(2)の「理由の如何を問わず，発行会社の事業の全部または重要な一部が継続して1ヵ月中断した場合」という文言については，「発行会社の責めに帰す理由により，発行会社の事業の全部ま

たは重要な一部が継続して1ヵ月中断した場合」というように文言変更を交渉してみてはいかがでしょうか？

　上記例示の株式買取条項要件(3)の「発行会社が○年○月○日までに株式上場を断念した場合」といった条項については，「損益状況，財務状況からみて株式上場をする要件を充足しているにもかかわらず，発行会社の独断により正当な理由なく株式上場をしない場合」といった株式買取要件限定の交渉をしてみる余地はあるでしょう。株式上場の断念については，解釈の余地が大きいので，一時的な株式上場遅延を含ませないように文言を限定すべきです。

4　株式買取価額の条項

　株式買取条項削除や買取要件限定といった交渉が不調に終わった場合，株式買取価額自体が重要な意味を持ってきます。

（株式買取価額条項の例）

　発行会社の株式譲渡における1株当たりの買取価格は，次の各号に定める金額のうち最も高い価額とする。

- 投資者が発行会社の株式を取得した際の発行価額
- 投資者が発行会社の株式を取得した際の発行価額に○○銀行が随時定める長期プライムレートに1％を付加した年利率相当額を加算した価額
- 財産評価基本通達に定められた「類似業種比準価額方式」に従い投資者により計算された価額
- 投資者の株式買取請求時における最近取引事例の価額
- 発行会社の直近の貸借対照表上の簿価純資産に基づく発行会社の1株当たりの純資産価額
- 発行会社が指名した公認会計士による公正な方法で算出された価額

株式買取価額の条項は，投資時の株価，直近取引事例価額，純資産価額の最も高い株価といった記載の投資契約書が散見されます。ベンチャーキャピタルが発行会社と経営者に株式買取請求をするような状況では，会社の業績が悪化し，経営者の個人資産も枯渇しているケースが多いので，発行会社や経営者の立場としては，買取価額は可能な限り低くなるように交渉すべきです。

　例えば，「発行会社の株式譲渡における1株当たりの買取価格は，次の各号に定める金額のうち最も高い価額とする。」といった文言を，「発行会社の株式譲渡における1株当たりの買取価格は，次の各号に定める金額のうち最も高い価額とする。ただし，純資産価額を上限とする。」といった交渉をしてみる余地はあると思います。

　事業継続が困難な状況では，ない袖は振れないのでベンチャーキャピタルから強烈に取り立てられるケースは少ないとは思います。

　私のアドバイザーとしての経験においても，交渉によって買取価額が変更されたことは多々あります。

　問題になるのは，株式上場できるだけの業績ではないものの，それなりに利益を計上し内部留保を蓄積している場合です。

　そのような場合，株式買取りの価格交渉はタフなものになります。

5 役員の選任条項

　役員選任条項は，ベンチャーキャピタル等が発行会社の経営状況のモニタリング担当（ベンチャーキャピタルの指名した人物）を役員として送り込むための条項です。

（役員選任条項の例）
　投資者は発行会社の取締役1名を指名する権利を有する。ただし投資者は

指名する義務を負うものではなく，取締役を指名したこと，またはしないことを理由としていかなる不利益も被らず，発行会社または経営支配株主に対しいかなる責任も負わない。投資者がかかる権利を行使する場合，発行会社および経営支配株主は投資者の指名した者が取締役として選任されるために必要なあらゆる措置を速やかに執るものとし，経営支配株主は，発行会社の株主総会において投資者が指名した取締役候補者の選任に賛成の投票をするものとする。

　ベンチャーキャピタルにとって役員選任条項は，<u>仮に持株数が少なくとも</u>経営に大きな発言力を持つことが可能になるのです。
　一方，発行会社にとって役員選任条項は，経営の自由度を制約するという一面を持ちます。
　最も出資額の多い中心的なリードベンチャーキャピタルであるならばともかく，マイナー出資比率のベンチャーキャピタルにまで役員選任条項を認めるべきか否かは十分な検討が必要となるでしょう。
　妥協案として，ベンチャーキャピタルに対して，取締役の選任ではなく，オブザーバーの指名権を持たせるという方法があります。オブザーバーは，取締役会に出席し，意見を述べることができますが，議決権を持ちません。

6 希薄化防止条項

　業績の悪化により，追加増資の際において，前回の増資時株価よりも低い株価で新株が発行される場合，ベンチャーキャピタルに新株を引き受ける権利を付与する条項です。希薄化防止条項は，高い株価で投資した既存株主の持分比率の希薄化（Dilution）を防止する条項です。

(希薄化防止条項の例)
1 　発行会社および経営支配会社は，発行会社が株式，新株予約権，新株予約権付社債（以下，「株式等」という）を発行する場合，これらの行為について発行会社の取締役会で決議する日の7日前までに投資者に対して書面により通知する。
2 　発行会社が，株式等を発行する場合，投資者は持株比率を維持するために必要な数量の株式等を，当該株式等の払込金額または行使価額と同一の価額において受ける権利（以下，「優先引受権」という）を有する。但し，その割当てに応じるか否かについては，投資者の判断によるものとする。
3 　株式等の引受者が発行会社の取締役または従業員に限定され，かつ決議発行される株式等の株式数または潜在株式数の合計が，投資者が本件有価証券を取得した直後の発行済株式総数（潜在株式数を含む）の10％（発行が複数回にわたる場合はその合計）を超過しない場合，本条第2項は適用しない。

希薄化防止条項によって，役員や従業員へのストックオプション付与等が著しく制約されていないかという観点で，投資契約書を検証する必要があるでしょう。

7 優先残余財産分配権の条項

投資条件をベンチャーキャピタル等に有利にして，資金調達をしやすくするために，優先残余財産分配権を与えることがあります。

(投資者の優先残余財産分配権の例)
　投資者および経営支配株主の間においては，投資者および経営支配株主が，発行会社の株式を取得する第三者から対価を受領する場合，かかる第三者から投資者および経営支配株主が受領する対価は，第一に，投資者が第三者に

譲渡する発行会社の株式数に，発行会社の定款の規定によって定められるA種優先株式1株当たりの優先残余財産分配額を乗じて得られる額に満つるまで，投資者に対し，経営支配株主に優先して，支払われるものとし，第二に，さらに残余がある場合は，投資者と経営支配株主の間で，その持株比率に応じて（優先株式の場合は，その時点で普通株式に転換されていたと仮定する），分配されるものとする。

　投資者および経営支配株主の間においては，投資者および経営支配株主が，発行会社が関連する合併，株式交換等により，第三者の株式を取得する場合，かかる第三者から投資者および経営支配株主が取得する株式は，第一に，投資者がかかる合併等により保有しないこととなる発行会社の株式数に，発行会社の定款の規定によって定められるA種優先株式1株当たりの優先残余財産分配額を乗じて得られる額を超える価値を有するかかる第三者の株式を，投資者が有することになるまで，投資者に対し，経営支配株主に優先して，割り当てられるものとし，第二に，さらに残余がある場合は，投資者と経営支配株主の間で，その持株比率に応じて（優先株式の場合は，その時点で普通株式に転換されていたと仮定する），割り当てられるものとする。

8　誓約条項

　誓約条項（コベナンツ条項）とは，ベンチャーキャピタル等が株式投資にあたり，起業家に対し，一定の約束・条件を設定し，約束を守らなかったり，条件を充足しない場合には，ペナルティを与える条項です。

　コベナンツの内容を十分に理解し，守れない約束はしないということがポイントです。遵守することが困難な条項はありませんか？

9 情報開示の条項

重要事項を投資家に報告する義務です（なお，下記は例示ですので，投資家によって要求する範囲・水準は変わります）。

開示対象	報告期限
財務指標	決算期末期〇ヵ月以内に報告 ※3ヵ月以内の場合が多い
税務申告書・勘定科目内訳明細	決算期末期〇ヵ月以内に報告 ※3ヵ月以内の場合が多い
公認会計士の短期調査報告書（ショートレビューメモ）	投資家が請求した時は，速やかに報告
月次試算表	翌月〇日までに報告 ※10日，15日，20日，翌月末等の場合が多い
月次資金繰り表	翌月〇日までに報告 ※翌月末の場合が多い
事業計画・予算案の変更	速やかに報告
株主の異動	速やかに報告
登記事項の変更	速やかに報告
経営に重要な影響を及ぼす事項について一定の事実が発生した場合 ・定款変更 ・株式発行，ストックオプション付与，株式分割，株式併合，種類株式発行，自己株式取得，減資等 ・合併，株式交換，株式移転，会社分割，資本提携等	・決定の〇日前までに報告 ・書面による事前承諾を必要とする

- 配当，中間配当
- 不良債権発生，不渡り手形発生等
- 役員の選任・解任
- 関連当事者との取引
- 株式譲渡
- 新規事業開始，事業内容変更，子会社設立
- 破産，民事再生手続開始，会社更生手続開始，特別清算開始等
- 会社資産への担保設定
- 株式公開時期の決定・変更
- 主幹事証券会社選定
- 監査法人選定
- 株式上場の申請手続
- 訴訟の提起等
- 重要な契約の締結，終了等

10 財務制限条項

財務制限条項とは，一定の財務状態を維持することを約束させられるものです。具体的には，財務指標の数値目標を設定されます。ただし，ベンチャーキャピタルの投資契約書で財務制限条項が付されているケースは比較的少ないと思われます。

財務制限条項例	規定の例示
流動性資産維持	月末時点の流動資産の額が，当該月の販売費及び一般管理費の2倍を下回った場合，発行会社に対して提言・提案をする

	ことができる。
純資産維持	月末時点の純資産の額が，当該月の経常損失の2倍を下回った場合，発行会社に対して，資産売却，第三者との合併，株式売却，株式交換につき，第三者と交渉することができる。

11 最恵待遇条項

　最恵待遇条項は，発行会社が既存のベンチャーキャピタルとは別の新しいベンチャーキャピタルから資金調達をする際に，新しいベンチャーキャピタルに有利な契約を締結する場合に，既存のベンチャーキャピタルの契約内容が有利なものに変更される条項です。

> （最恵待遇条項の例）
> 1　発行会社または経営支配株主が投資者以外の第三者との間で，本契約の内容よりも当該第三者に有利であると投資者が判断する契約（以下「有利契約」という）を締結する場合には，投資者からの要請に基づき投資者が指定した範囲において，本契約の内容は有利契約の内容に変更され，または有利契約の内容が本契約に追加されるものとする。

　最恵待遇条項は，基本的にはリードベンチャーキャピタル以外には認めるべきではない条項です。
　「本契約の内容よりも当該第三者に有利であると投資者が判断する契約（以下「有利契約」という）を締結する場合」という一節は，条件が不明確かつ客観性に欠けるので，このような包括的な条項でなく，個別具体的

に何が有利な条項なのかを限定するべきです。

　また，いったん最恵待遇条項を投資契約書に入れてしまうと，今後将来にわたって，他のベンチャーキャピタルも追随して最恵待遇条項を求めてくる可能性が高いといえます。追加増資の自由度を確保するためにも（後から投資しようとするベンチャーキャピタルにとっては受け入れがたいためです），安易な最恵待遇条項の受入れは回避すべきといえるでしょう。

12 条項の分離可能性

　本契約の条項のいずれかが違法や無効と判断されても，他の条項は有効であるとする規定です。

13 合意管轄

　契約に関する訴訟手続の管轄裁判所を規定します。

ベンチャーキャピタルの投資契約書サンプルを，以下に示します。なお，投資契約書の各条項は各社各様であることに留意して下さい。

投資契約書

本投資契約書（以下「本契約」という。）は，〇〇年〇〇月〇〇日付で，A株式会社が無限責任組合員として管理運営するA〇〇号投資事業有限責任組合（以下「投資者」という。），株式会社〇〇（以下「会社」という。）および会社代表取締役〇〇　〇〇（以下「代表者」という。）〇〇（以下「代表者」という。）の間において，投資者が会社に投資することに関して，締結された。

第1条　株式の発行および引受け

会社は，〇〇年〇〇月〇〇日開催の取締役会決議および〇〇年〇〇月〇〇日開催の〇〇株主総会決議に基づき，普通株式〇〇株を1株につき〇〇〇〇円の払込金額により発行する。会社は，そのうち〇〇株を投資者に対して割り当て，投資者はこれを引き受ける（以下，本条に基づき投資者が取得する株式を「本件株式」という。）。

第2条　払込手続

1　本件株式の払込期日は〇〇年〇〇月〇〇日または本契約の当事者が合意する日とする。投資者は，払込期日までに会社の指定する銀行口座への振込送金の方法により，自己が引き受ける本件株式の払込金額の総額を払い込む。

2　前項により投資者が払込みをした場合，会社は，払込期日後〇〇ヵ月以内に投資者に対し，本契約に基づく投資者による本件株式の取得を反映した株主名簿の写しを提出する。

第3条　表明および保証

1　会社および代表者は，投資者に対し，本契約の締結および本件出資の重要な基礎として，本契約締結日において以下の事実が全て真実であることを表明保証する。

2　会社は，日本法に基づき適法に設立され，有効に存続している株式会社であり，その事業を行うために必要な全ての権限を有していること。会社は，本契約の締結および義務の履行ならびに本契約に基づく本株式の発行について，(i)必要な能力および権限を有し，かかる発行を行うために必要な内部手続をすべて完了しており，かつ(ii)必要な許認可，届出等の手続を完了しており，その条件に違反しないこと。会社による本契約の締結および本契約に基づく義務の履行ならびに本契約に基づく本株式の発行は，(i)会社に適用のある法令，定款その他の社内規則のいずれにも違反するものではなく，(ii)会社が当事者となっている全ての契約に違反せず，またはその債務不履行を構成するものではなく，かつ(iii)会社に対する裁判所，行政庁等の判決，決定，命令，処分，判断等に違反するものでもないこと。

3　本契約締結日における会社の発行済株式は全て有効かつ適法に発行されていること。

4　代表者は，本契約の締結および本契約に基づく義務の履行について，(i)必要な能力および権限を有し，また(ii)かかる締結および履行につき必要な許認可，届出等の手続を完了しており，何らかの条件が付されている場合はかかる条件に違反しないこと。また，本契約の締結および本契約に基づく義務の履行は，(i)代表者に適用のある法令，定款その他の社内規則のいずれにも違反するものではなく，(ii)代表者が当事者である全ての契約に違反せず，またはその債務不履行を構成するものではなく，かつ(iii)裁判所，行政庁等の判決，決定，命令，処分，判断等に違反するものではないこと。

5　会社は〇〇年〇〇月〇〇日を払込期日として第三者割当増資により調達額〇〇〇〇円以上の増資を行うこと。

6　会社が組合または会社に対し，本契約締結以前に以下の各文書を交付していること，かつこれらの各文書が全て最新のものであること。

(1) 募集株式の引受けの申込みをしようとする者に対する通知
(2) 定款
(3) 直近の商業登記簿謄本
(4) 会社の直近1事業年度分の財務諸表，監査役の監査報告書および公認会計士の監査報告書がある場合にはその監査報告書ならびに直近の月次試算表
(5) 最新の事業計画書
(6) 会社の組織図および企業集団の概況図
(7) 会社と関連当事者との間の取引がある場合にはその取引内容説明書

7 投資者が会社から受領した決算書類および直近の月次試算表（貸借対照表，損益計算書，資金繰り予定・実績表）は，法令および定款に適合して，一般に公正妥当と認められる企業会計の基準に準拠して作成され，会社の財政状態および経営成績を適正に表示しており，かかる書類に記載されていない重要な簿外取引または債務は存在せず，または会社の経営，財政状態，経営成績，信用状況等に重要な悪影響を及ぼすべき後発事象が発生していないこと。

8 会社の経営，財政状態，経営成績，信用状況等に悪影響を及ぼすべき裁判その他の法的手続または行政・税務その他の手続は現在係属していないこと。

9 会社，代表者，もしくは特別利害関係者またはこれらの者の株主もしくは取引先等が，(i)反社会的勢力またはこれに準ずるもの（以下「反社会的勢力等」といい，暴力団関係者，仕手筋，総会屋，右翼，過激派，その他一般庶民の平穏な生活を脅かす組織または個人等を指す。）ではないこと，(ii)反社会的勢力等に資金提供もしくはそれに準ずる行為を通じて，反社会的勢力等の維持，運営に協力または関与していないこと，ならびに(iii)反社会的勢力等と交流をもっておらず，さらに将来においても反社会的勢力等と一切関係を持たないことを確約していること。

10 会社が組合または会社に対して提出，交付，通知等を行う書面または情報に個人情報の保護に関する法律（平成15年法律第57号）第2条第1項に

定義される個人情報が含まれる場合には，会社が本人から同意を取得した上で，組合または会社に対する提出，交付，通知等が行われていること。
11 会社および代表者による本条における事実の表明および保証，ならびに本契約締結に関して会社および代表者が交付する書面および提供する情報は，真実かつ正確であり，誤解を生じさせないために必要な事実を欠いていないこと。

第4条 払込みの前提条件

投資者の払込期日における払込義務は，投資者が書面により放棄しない限り，以下の全ての条件が充足されることを条件とする。
(1) 会社および代表者の事実の表明および保証ならびに本契約に関連して会社が投資者に交付した書面および提供した情報が，払込期日現在においても，重要な点において正確であり，重要な誤解を生じさせないために必要な事実を欠いていないこと。
(2) 本契約締結日以降払込期日までに，会社の運営，財政上状態，経営成績，信用状況等に重大な悪影響を及ぼす事態が発生していないこと。
(3) 会社が，払込期日までに，以下の書面を投資者に対し交付したこと。
　① 本件株式の募集事項の決定および割当てを決議した会社の取締役会および株主総会の議事録の写し
　② 本契約の締結を決議した会社の取締役会の議事録の写し
　③ 投資者が合理的に要求する会社に関する証明書，報告書その他の書面

第5条 誓約事項

1 会社および代表者は，できるだけ速やかに証券取引所等において会社の株式上場が実現するように最大限の努力をするものとする。
2 会社は，
　(1) 作成後速やかに月次試算表および月次資金繰り表
　(2) 毎期の税務申告完了後，速やかに法人税申告書および勘定科目内訳書

の写しを投資者の請求に基づき交付する。
3 会社は，投資者が必要と認めて請求したときは，会社の費用負担で，投資者の同意する公認会計士による短期調査または監査を受けるものとする。
4 会社および代表者は，投資者からの要請に基づき，その要請の時点で最新の事業計画書を投資者に提出するとともに，その内容について適切な解説を行うものとする。
5 会社は，会社の知的財産権を適切に確保し維持するものとし，役員および従業員ならびに委託先との間の契約において会社がその業務に必要な知的財産権を確保できるように適切な定めを置くものとする。
6 会社および代表者は，会社が以下の事項を決定する場合には，その決定の○週間前までに決定するときは，事前に投資者に書面による通知を行わなければならない。
  (1) 定款変更
  (2) 募集株式もしくは新株予約権付社債の発行，新株予約権の付与，株式の分割，併合もしくは種類変更，または自己株式の取得または処分，株式の消却
  (3) 代表取締役，取締役，監査役，執行役，会計監査人の選任または解任
  (4) 事業の全部もしくは一部の譲渡，停止または廃止，または事業の全部または一部の譲受け
  (5) 新規事業の開始，事業内容の変更，業務上の提携もしくは解消，支店の設置，または子会社の設立
  (6) 資本の減少
  (7) 破産，民事再生手続開始，会社更生手続開始，特別清算開始その他これらに類する手続の開始の申立て，または解散
  (8) 会社の重要な資産への抵当権，質権，譲渡担保権その他の担保または制限の設定
  (9) 会社の事業において重要な契約の締結，変更，解除または終了
  (10) 合併，事業譲渡，株式交換，株式移転，会社分割，第三者との資本提

携，組織変更
- (11) 代表者または会社の取締役もしくは監査役による会社の株式の譲渡または取得
- (12) 株式上場を行う株式市場または株式上場の時期
- (13) 株式上場の申請手続

7　会社および代表者は，会社につき以下の事項が発生した場合には，速やかに発生事項の概要を投資者に書面で通知する。
- (1) 登記すべき事項につき変更が生じた場合
- (2) 会社の事業計画，売上・利益計画の大幅な変更
- (3) 主要株主の異動
- (4) 支払停止もしくは支払不能，手形もしくは小切手の不渡り，または破産，民事再生手続開始，会社更生手続開始，特別清算開始もしくはこれらに類する手続の開始の申立て
- (5) 差押，仮差押，仮処分，強制執行または競売の申立て
- (6) 訴訟，仲裁，調停その他の紛争解決手続の提起または終結
- (7) 会社の子会社その他の関連当事者，主要取引先の支払停止もしくは支払不能，または破産，民事再生手続開始，会社更生手続開始，特別清算開始もしくはこれらに類する手続の開始の申立て
- (8) 会社の事業において重要な契約の終了
- (9) 監督官庁による営業停止，営業許認可もしくは登録の取消処分，指導，または調査
- (10) 災害または業務に起因する重大な損害
- (11) 会社の財産，経営，業況について重大な変化を生じた場合または生じるおそれのある場合

8　会社および代表者は，反社会的勢力等と一切の関係を持たず，また，会社の役員および従業員が反社会的勢力等と関係を持たないように適切に指導するものとする。

9　代表者は，投資者の事前の書面による通知なく，本契約締結当時の役職（代表取締役および取締役を含む。）を辞任せず，かつ，任期満了時にその

役職に再任されることを拒否しないものとする。
10 代表者は，会社の業務に専念し，投資者の事前の書面による通知なく，他の会社の役員を兼務しないものとし，また，投資者の事前の書面による通知なく，会社の取締役，監査役，従業員としての地位にある間，および自己の責に帰すべき事由により会社の取締役，監査役，従業員のいずれでもなくなった日から〇〇年間を経過する日まで，自らまたは第三者を通じて，会社の事業と競合する事業を直接もしくは間接に行わず，また，かかる事業への出資も行わないものとする。

第6条　稀薄化防止条項

　投資者は，会社が株式または潜在株式を発行する場合には，その発行が行われる直前の会社の発行済株式総数（潜在株式を含む。）に対する投資者の持株比率（潜在株式を含む。）を維持するために必要な数量の当該株式等の割当てを，当該株式等の払込金額または行使価額と同一の価額において受ける権利を有する。但し，その割当てに対して応じるか否かについては，投資者の判断によるものとする。

第7条　通　知

1　本契約に基づくまたはこれに関連する全ての通知は，手交，書留郵便またはファックスにより当事者の住所またはファックス番号に対して行うものとする。
2　前項に基づく通知が，所在不明等通知の相手方である当事者の責に帰すべき事由により，到達しなかった場合には，その発送の日から〇〇週間を経過した日に，当該通知が到達したものとみなす。

第8条　有効期間

　本契約は，本契約締結日に発効し，以下のいずれかの場合に終了する。なお，本契約の終了は将来に向かって効力を生じ，本契約に別段の定めがある場合を除き，終了前に本契約に基づき発生した権利および義務は終了

による影響を受けないものとする。
(1) 会社が株式上場する日の午前零時
(2) 会社が解散（合併による解散を除く。）した場合
(3) 投資者が保有株式の全てを売却完了した時点
(4) 本契約の当事者が本契約の終了を全員一致で合意した時点
(5) 投資者が第3条に定める払込期日の翌日が経過した後に会社の株主とならなかった場合

第9条　契約内容の変更
　本契約の内容は，本契約の当事者全員の書面による合意によってのみ変更することができる。

第10条　準拠法および合意管轄
　本契約は日本法に準拠し，同法に従って解釈される。また本契約に関する紛争については，東京地方裁判所を第一審の専属的合意管轄裁判所とする。

第11条　協　議
　本契約に定めのない事項または本契約の解釈に疑義が生じた事項に関しては，全当事者は誠実を旨として協議の上これを定めるものとする。

　本契約の成立を証するため，本書○○通を作成し，署名または記名捺印の上各1通を保有する。

　　　　　　　　　　　　　○○年○○月○○日
　　　　　　　　　　　　　投資者：東京都○○区○○丁目○○番○○号
　　　　　　　　　　　　　　　　　A○○号投資事業有限責任組合
　　　　　　　　　　　　　　　　　無限責任組合員
　　　　　　　　　　　　　　　　　A株式会社

```
              代表取締役
      会社：  ［本店］
              ［商号］
              代表取締役　○○
      代表者：［住所］
              ［氏名］
```

〈著者紹介〉

石割　由紀人（いしわり　ゆきと）

公認会計士・税理士，資本政策コンサルタント。プライスウォーターハウスクーパースにて監査・株式公開支援，税務業務に従事後，ベンチャー企業CFO，大手ベンチャーキャピタルでの投資業務などを経験。現在は，石割公認会計士事務所にて，会計・税務，株式公開支援，資本政策，株価算定，デューデリジェンス，会計・給与計算アウトソーシング等のサービスを提供している。さらに，多数の上場会社の役員，会計・税務顧問等を兼任。
監査法人・税理士法人，ベンチャー企業およびベンチャーキャピタルという希少なキャリアに基づく実務経験に根ざしたコンサルティングを展開。
Tel：03-3442-8004　／　E-mail：info@cpa-ishiwari.jp
URL：http://www.cpa-ishiwari.jp
URL：http://www.shihonseisaku.com/
URL：http://www.prokeiri.com/

ベンチャー企業を上場成功に導く
資本政策立案マニュアル〈第2版〉

2008年7月30日　第1版第1刷発行
2014年6月20日　第2版第1刷発行
2018年9月20日　第2版第9刷発行

著　者　石　割　由紀人
発行者　山　本　　　継
発行所　㈱中央経済社
発売元　㈱中央経済グループ
　　　　パブリッシング

〒101-0051　東京都千代田区神田神保町1 31 2
　　　電　話　03(3293)3371（編集代表）
　　　　　　　03(3293)3381（営業代表）
　　　　　　　http://www.chuokeizai.co.jp/
　　　　　　　印刷／文唱堂印刷㈱
Ⓒ 2014　　　　製本／誠製本㈱
Printed in Japan

※頁の「欠落」や「順序違い」などがありましたらお取り替えいたしますので発売元までご送付ください。（送料小社負担）

ISBN978-4-502-09910-6 C3034

JCOPY〈出版者著作権管理機構委託出版物〉本書を無断で写真複製（コピー）することは，著作権法上の例外を除き，禁じられています。本書をコピーされる場合は事前に出版者著作権管理機構（JCOPY）の許諾を受けてください。
　JCOPY〈http://www.jcopy.or.jp　eメール：info@jcopy.or.jp　電話：03-3513-6969〉